про мор...

ря насичені сірководнем.

•Найшвидша морська течія – Солтфіорд, біля узбережжя Норвегії. Її швидкість досягає 30 км/год.

•Дивно, але факт: під час шторму хвилі чинять тиск від 3 до 30 тисяч кг на 1 см². Хвилі прибою іноді викидають уламки скель вагою до 13 тонн на висоту 20 м.

•Рекорд прозорості морської води на планеті відзначений біля берегів Антарктиди, в морі Уедделла. Тут вода найчистіша, майже як дистильована. Білий предмет, опущений на глибину 79 м, залишається видимим неозброєним оком.

•Довгий час світіння моря в темний час доби було однією з найзагадковіших таємниць. Виявилося, що воно викликане люмінесцентними властивостями деяких морських організмів. Чорне море, наприклад, іноді світиться в осінню пору завдяки водорості під назвою ночесвітка.

•Середземне море – найбрудніше море у світі: в кожному кубічному метрі води міститься 33 види різних відходів, на кожен літр припадає 10 г нафтопродуктів, на кожен квадратний кілометр морського дна – більше 1900 різних предметів.

•Кожен літр води Мертвого моря в Ізраїлі містить 275 г солей калію, натрію, брому, магнію і кальцію.

•Запаси мінеральної сировини в морі обчислюються 43 мільярдами тонн. У

Мертвому морі не можна потонути: насичена сіллю великої щільності вода утримує людину на поверхні. Запливши в море з річки Йордан, риба гине вже через хвилину.

•У давнину Балтійське море називалося Бурштиновим через велику кількість в ньому бурштину.

•У Південній Кореї Японське море називають «Східним морем», а в Північній Корейсько-Східним морем.

•Каспійське море площею 370 000 км² і глибиною до 1025 м – найбільша безстічна водойма в світі.

•Аральське море має виняткову прозорість. У деяких місцях море проглядається на глибину 27-30 м.

•Найбільший вміст золота в морській воді зафіксовано в Балтійському морі. Благородного металу тут міститься в 3 рази більше, ніж у водах Північного моря, і в 5 разів – Чорного моря.

•Назви морів часто пов'язані з кольором – Червоне, Біле, Чорне, Жовте. Насправді вони прозорі, але морська вода найчастіше здається нам синьою. До речі, моря з назвою «Синє» не існує.

ПІДВОДНИЙ СВІТ

ДИТЯЧА ЕНЦИКЛОПЕДІЯ

Київ
«Видавництво Глорія»

ГЛОРІЯ

УДК 087.5
П32

П32 **Підводний світ.** Дитяча енциклопедія. / уклад. Карпенко Ю. М. – Київ: ТОВ «Видавництво Глорія», 2018. – 128 с.: іл.

ISBN 978-617-536-831-2

Ця чудова книга познайомить вашу дитину з дивовижним підводним світом: рибами та ссавцями, молюсками та земноводними, мешканцями річок і морів. Пізнавальні тексти, незвичні факти, яскраві фотографії допоможуть юному досліднику дізнатися багато цікавого та корисного про звички підводних мешканців, їх середовище проживання, харчування, особливості полювання, захисту і багато іншого.

На сторінках видання ваша дитина зустрінеться з найбільшими і найменшими, найшвидшими і найнебезпечнішими, найпривітнішими і найнезвичайнішими тваринами нашої планети.

Книга стане справжнім подарунком для допитливої дитини.

УДК 087.5

ISBN 978-617-536-831-2   ©ТОВ «Видавництво Глорія», 2018

Навчальне видання

Підводний світ
дитяча енциклопедія.

Укладач **Карпенко** Юлія Миколаївна

Формат 84x108/16. Гарнітура
Друк офсетний. Ум. друк. арк. 13,44
Тираж 3 000 прим. Зам. № 10874

Оптовий продаж книжок «Видавництва Глорія»
(044) 456-42-64, тел./факс (044) 455-58-05 у м. Києві.
E-mail: gloriya.book@gmail.com
Наш сайт: http://books.gloriya.net
Книга поштою: gloriya.post@gmail.com

Товариство з обмеженою відповідальністю «Видавництво Глорія»
03047, м. Київ, пр. Перемоги, буд. 50

Свідоцтво про внесення суб'єкта видавничої справи до Державного реєстру видавців, виготівників і розповсюджувачів видавничої продукції серія ДК № 4658 від 25.11.2013 р.

Видрукувано згідно з наданим оригінал-макетом у ТОВ «Фактор-Друк», м. Харків, вул. Саратовська, 51, тел. (057) 7-175-185

Друзі!

Перед вами – дивовижна подорож. Цього разу – у глибини океану. Ви ж знаєте, чому з космосу Земля здається блакитною? Звісно! Бо понад дві третини поверхні нашої планети вкриті водою. Ось тому Землю і називають «блакитною планетою».

Без усієї цієї води наша планета була б абсолютно неживою, як понад чотири мільярди років тому, коли ще не було океанів.

Світовий океан – це складна природна система, у якій взаємодіють вода і повітря, земля і сонце. І в той же час це – єдиний організм, який живе і розвивається за своїми законами.

Океан має складний рельєф. На його дні є рівнини і гори, западини і печери. Там вивергаються вулкани і протікають течії-річки.

На перший погляд може здатися, що у воді росте мало рослин. Якісь там водорості і все. Але це не так! Флора океану і морів така ж багата й різноманітна, як і рослинний світ суші. Це одноклітинні і червоні водорості, корали, які створюють потужні коралові рифи, рослини-фукуси, серед яких зустрічаються морські дуби, морський виноград і цар-водорості…

А узбережжя морів Тихого океану славляться чудовими мангровими чагарниками, які здатні виростати в солоній воді. У північній частині Індійського океану, ближче до екватора, зустрічаються дивовижні динофітові водорості, здатні світитися ночами. І переважну більшість кисню (80 відсотків) «виробляють» саме водорості морів та океанів, так званий фітопланктон. А решту – рослини, які ростуть на землі.

Що вже казати про тваринний світ морів, океанів, річок та озер. Життя у воді існує в усій її товщі, навіть у мороку найглибших западин, які ще не відкрили людині всіх своїх таємниць. І він не обмежується рибами. У воді живуть найрізноманітніші види тварин. Подорожуючи разом із нами морями й океанами, ви познайомитесь із дивовижними, наче желейними, глибоководними рибами, що вміють світитися, невеличкими кілька-міліметровими крабами, жахливими хижаками і здоровенними добродушними ссавцями китами…

А ще ви дізнаєтесь, навіщо морським їжакам голки; чому медузи лінуються плавати; хто страшніший: восьминіг чи кальмар; чому акула плаває навіть уві сні, чи які риби подорожують автостопом… і багато-багато інших цікавих речей.

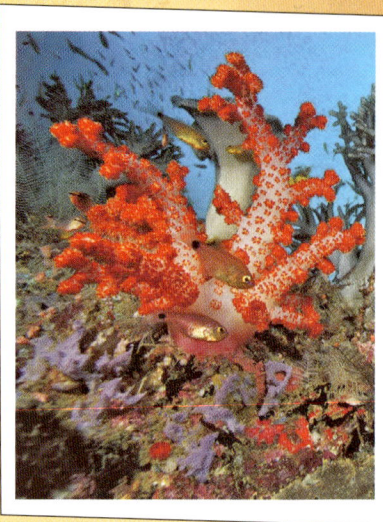

Море завжди притягувало людину до себе, може, навіть більше, ніж небо. Дослідження морських глибин – надзвичайно цікаве заняття, адже навіть зараз більшість таємниць океану залишаються загадками для людей, та й далеко не у всіх частинах океану побувала людина. Тваринний світ морів і океанів ще не вивчений навіть на 20 відсотків. На сьогодні біологи виявили і класифікували понад півтора мільйона видів тварин. Але, за оцінками експертів, в океанах існує ще до 25 мільйонів видів морських істот, які поки не вивчені і про яких ми не маємо уявлення. Може, ці відкриття чекають на вас?

Ви готові до подорожі? Тоді: раз, два, три – почали! Заглиблюємось! У нашу книгу і океан.

Хто такі риби?

Здається, всі ми знаємо, хто такі риби. Це, як правило, довгі обтічні тварини, тіло більшості яких вкрите слизькою лускою. У них є голова, тулуб, плавці, хвіст. Риби чудово плавають, адже живуть у різних водоймах: океанах, морях, річках, озерах, ставках. Світ риб дуже різноманітний, як і середовище їх проживання. Вони живуть як у теплих тропічних районах, так і в холодних водах Північного Льодовитого океану. Людству відомо понад 20 тисяч різноманітних видів риб.

Риби – холоднокровні тварини. Їхні очі не мають повік, риби бачать на невелику відстань. Риби – хребетні тварини, здатні дихати під водою. Розвиваються вони з перетворенням: з ікри або яєць виходять личинки, які згодом перетворюються на молоду рибку (мальок).

Залежно від харчування риби бувають: рослиноїдні, що харчуються водоростями і комашками, що потрапили у воду, та хижі, всеїдні. Залежно від місця проживання риб їх ділять на річкових і морських.

Рухаються риби в основному завдяки хвосту, плавці надають тілу стійкості і служать рулем при поворотах. У багатьох риб є орган, який сприймає силу й напрям коливання води. Завдяки цьому «шостому чуттю» зграя рибок навіть із мільйона риб пливе та розгортається злагоджено, як єдина істота.

Серед риб багато абсолютно незвичайних і навдивовижу гарних істот. Жодна група хребетних не володіє таким широким діапазоном форми і забарвлення тіла, як риби. Вони можуть бути овальними, круглими, плоскими, змієподібними (наприклад, вугор або мурена). Деякі з них покриті колючками (риба-їжак), інші позбавлені навіть луски. Скажімо, риби, що мешкають серед коралів, забарвлені в найрізноманітніші кольори. Є риби, схожі на пучок водоростей, риби, які вміють видавати різні звуки. Є риби, які літають, риби, що стрибають по берегу і лазять по деревах. Є риби в цяточки або смугасті. Плями і смуги на тілі риби роблять її менш помітною на тлі каміння і водоростей, серед яких вона живе. Деякі донні риби здатні до швидкої зміни візерунку і кольору в залежності від дна. Особливо дивовижні камбали. Смуги, яскраві плями на тілі та схожі на очі круглі цятки на хвості спотворюють форму тіла риби і збивають із пантелику хижаків. Крім того, плями і смужки допомагають рибам-родичам впізнавати одне одного при зустрічах.

У природі існує різновид риб, які можуть мандрувати сушею. Анабас має зябра, здатні приймати кисень з повітря. Рибка може «гуляти» по суші і навіть залазити на дерева.

Риби виникли дуже давно. У Китаї знайдені дві викопні прариби, які стали найдавнішими відомими істотами. Вчені кажуть, що знахідкам близько 530 мільйонів років. Ці прариби є прямими або опосередкованими попередниками взагалі майже всіх хребетних.

Найбільша з відомих риб на світі – китова акула: гігант завдовжки 15 м, тобто розміром з автобус! А найменша рибка нашої планети – карликовий бичок – не більше 8 мм.

Більшість вчених вважає, що у риб немає відчуттів, крім, хіба що, очевидного – зору. Справді, лише гляньте на цих мешканців царства Нептуна: холодні, слизькі і все життя невидимі для нас. Навіть вислів «холоднокровний» навіює асоціації з істотою, начисто позбавленою відчуттів. Як не дивно, але основним підтвердженням цієї тези багато хто вважає той факт, що риби... не вміють говорити! Бо ж якщо істота волає бодай на своїй собачій чи пташиній мові, коли їй завдано якусь шкоду, людині набагато легше повірити, що та відчуває щось, подібне до її власних відчуттів. Що ж сьогодні? Чи прийшли вчені до однієї обґрунтованої думки? На жаль, ні. Одна група вчених вперто доводить наявність відчуттів у риб і не менше тих, хто це заперечує. Але ми із вами знаємо, що риби можуть відчувати. Вони ж тварини. І часто потребують нашого захисту.

Вітрильник – найшвидша рибка. При спеціальних випробуваннях, які були проведені у Флориді, вітрильник подолав 91 метр за три секунди, тобто зі швидкістю 109 кілометрів на годину.

Морський півень (тригла) – риба хижа. Це красива різноколірна «патлата» (з довгими плавниками) тварина. У її забарвленні переважають цегляно-червоні кольори, а ближче до хвостової частини – коричневі; черево сріблясто-біле або світло-рожеве. Ця риба не тільки плаває, а й літає. Бажаючи поганяти дрібних рибок, він, вистрибнувши з води, розпускає «крила» і летить над поверхнею моря. Подолавши 15-18 метрів, він падає у воду. Швидкість польоту доходить до 40 км/год. Морський півень здатний видавати звуки, схожі на хропіння, рохкання, бурчання. Тому його ще називають морською зозулею.

Раніше існувало повір'я, що вугри з'являються із земних надр. Ще Арістотель знав, що в річкового вугра неможливо побачити ні ікри, ні молочка. Природно, виникло питання: як же вони розмножуються? От Арістотель, не змігши знайти відповіді, припустив, що вугри самозароджуються в мулі боліт або походять від дощових черв'яків. Лише на початку ХХ століття учені виявили, що вугри вирушають на розмноження в Саргасове море і лише там викидають ікру.

Чому риби не тонуть?

Риби пристосовані для життя під водою. А не тонуть вони тому, що у більшості з них є плавальний міхур – спеціальний повітряний мішок усередині тіла. Він діє як рятувальний пояс, підтримуючи плавучість. Розташований під найважчою частиною тіла, хребтом, і допомагає рибі залишатися на певній глибині, де вона зазвичай живе, без особливих зусиль. Також завдяки міхуру риба може швидше сплисти або зануритися на дно.

Плавальний міхур має вигляд сріблястої, витягнутої у довжину кулі, що посередині ніби перев'язана невидимою ниткою. Найбільший плавальний міхур у летючих риб. У них він розташований уздовж хребта аж до самого хвоста.

Плавальний міхур заповнений газами. Заповнення міхура здійснюється за допомогою спеціальної залози. Вона розміщена безпосередньо в його стінці і добре помітна завдяки яскраво-червоному забарвленню. Ця залоза допомагає забирати газ, який міститься у крові, але сама його не виробляє.

Вага риби трохи більша за густину води. Це означає, що риба у воді потонула б, якби не плавальний міхур. Коли він стискується, густина тіла риби стає більшою за густину води, і риба опускається. Під час піднімання у верхні шари води міхур надувається, об'єм міхура і об'єм тіла збільшуються, внаслідок чого густина тіла риби зменшується. Чим вище тварина піднімається, тим більше роздувається її тіло і тим швидше здійснюється підйом.

«Поплавець» обмежує свободу переміщення риби. Тому риби, що роблять швидкі вертикальні переміщення, не мають плавального міхура і витрачають багато енергії, постійно рухаючи плавцями, щоб не потонути.

Не потрібен плавальний міхур і глибоководним рибам, а також мешканцям дна. Якщо він є, то заповнений не газом, а жиром. Жир, на відміну від газу, не стискується під дією тиску глибини, а допомагає деяким рибам підніматися вночі у поверхневі води океану, адже легкий риб'ячий жир риби використовують для зниження своєї ваги.

У деяких риб у плавальному міхурі знаходяться інертні гази, які є у повітрі в невеликих концентраціях. Інші наповнюють свої міхури азотом. Але найчастіше використовується кисень.

Глибоководній рибі небезпечно підніматися дуже високо від дна. Адже чим ближче до поверхні моря, тим менший тиск води. В міру падіння тиску гази плавального міхура починають розширятися, об'єм збільшується, і він буде тягти рибу нагору. Якщо риба розгубиться і підніметься надто високо, то буде викинута на берег або взагалі лопне.

Чи дійсно риби не розмовляють?

Начебто всім відомо, що риби не розмовляють. Чи так це насправді? Те, що ми їх не чуємо, нічогісінько не доводить.

Може, ми просто не вміємо слухати? Якщо поміркувати, можна дійти й до такого висновку – людина живе на землі, тому її вухо просто не пристосоване для «роботи» у воді.

Є ще одна причина, чому ми, як правило, не чуємо риб'ячих «розмов» – у воді найкраще поширюється ультразвук (за допомогою якого часто спілкуються риби), а його частота лежить за межами людського сприйняття. Недарма ж ультразвук використовують у приладах для вимірювання глибини (називаються такі прилади ехолотами). Словом, доказів того, що риби завжди мовчать, немає. А зворотні докази є! І це вже давно доведений факт. Риби спілкуються між собою не тільки жестами, запахами, забарвленням, а і звуками, як і всі інші тварини. Вчені давно вивчають це явище і прийшли до висновку, що мовчазних риб просто не буває. Вони не тільки не мовчать, а поводяться як балакучі бабці на базарі!

Рекордсменом за балакучістю вважається риба тригла, що живе в морях і океанах. Вона бурчить і квакає безперестанку – такого «балакуна» треба ще пошукати.

Вперше дивні звуки були записані, коли вчені занурили у воду спеціальний мікрофон – гідрофон нової конструкції. Звичайно, вони збиралися не слухати риб, а займалися зовсім іншими дослідженнями. Але на запису виявилося безліч дивних звуків – скрегіт, клацання, писк, тріск... Виявилося, що ці звуки відтворюють риби. Дослідження продовжувалися, і тепер вже відомо, як яка риба «розмовляє». Наприклад, кефаль цокає, азовський бичок гарчить, омари скриплять, креветки тріщать, а чорноморська ставрида гавкає мов собака, навіть молюски не сидять мовчки... На котяче нявкання подібна мова африканського лускатника, а карасі і коропи прицмокують. Річковий скат хрюкає, а його тропічні родичі, що живуть у болотах, видають сильні різкі звуки, що лякають птахів. Великі косяки оселед-

ця «цвірінькають», як пташенята. Деякі риби стукають кістками або зубами. Так, наприклад, вугор стукає по плавальному міхуру кістками, а риба-клоун може щебетати завдяки наявності голосових зв'язок.

У риб голосових зв'язок немає, але є плавальний міхур, наповнений повітрям. Він і є головним органом, що породжує різні звуки. Це – універсальний музичний інструмент: завдяки скороченням м'язів міхур можна здавлювати, переміщати повітря з однієї його половини в іншу, щоразу отримуючи новий звук, причому звуки проходять через тіло риби, а не через гортань.

Засобом спілкування можуть бути і звуки, вироблені зябрами. Все це звучить переконливо, але все ж таки, чи можемо ми почути риб'ячі голоси без спеціальних приладів? Можемо. Серед риб є чимало «голосистих» або, як їх ще нази-

Мешканці вод у морях і океанах «говорять» набагато голосніше, ніж їх родичі в океанаріумі. Вони посилюють звук, щоб «перекричати» шум хвиль.

вають, «співучих», які видають такі сильні звуки, що їх може почути людина, перебуваючи у човні або на палубі корабля. Деякі з цих риб і їхні голоси породили легенди про русалок, сирен та інших казкових мешканців водної стихії.

Ось так і виходить, що риби видають звуки, схожі на гавкіт, вереск, свист, бурчання, рохкання, кудкудакання, барабанний дріб і навіть пташиний спів. Так що приказку «німий, мов риба» пора замінити на іншу – «балакучий, як риба».

Деякі види риб, що мешкають на коралових рифах, намагаються відлякати не тільки хижих риб, а навіть і дайверів. Вони здатні видавати такі звуки, які може почути людина. Вчені вважають, що морські хижаки можуть вистежити здобич, перехоплюючи риб'ячі «розмови».

Навіщо рибам луска

Луска – це прозорі пластинки з ледь помітним кільцевим малюнком. Вони гнучкі і тверді. Переважна більшість риб мають луску, й хоча її кількість, товщина й розмір окремих лусочок неоднакові у різних видів, та вона завжди виконує декілька важливих функцій.

Хоча риба росте все життя, ріст луски відбувається нерівномірно. Влітку риба активно харчується і тому росте швидше, так що на лусочках утворюються виразні річні кільця. На період зимівлі ріст риби сповільнюється або взагалі припиняється. При активізації обмінних процесів в її організмі відбувається і прискорений ріст луски, що супроводжується утворенням широкого темного кільця. Луска росте за таким принципом: під старою верхньою лускою утворюється нижня, молода. Періоди уповільненого росту відзначаються на лусці у вигляді світлих смуг і кілець.

Риб'яча луска – це своєрідний «паспорт». Вчені за лускою можуть дізнатися не лише вік, а й довжину, масу, стать, перенесені хвороби і місце проживання риби.

Внаслідок механічних пошкоджень окремі лусочки у риб часто випадають, і на їх місці виростає нова регенерована (відновлена) луска. Центр її не має правильної структури і складається з тріщин основної пластинки, що йдуть у різних напрямках. Така луска непридатна для визначення віку.

Щільно прилягаючі до тіла й одна до одної лусочки надають тілу пружності й еластичності, дозволяючи рибі легко і швидко рухатися у воді, адже вода ковзає, не створюючи сильного опору. Забезпечуючи хорошу обтічність тіла, луска запобігає утворенню складок шкіри при швидкому русі і згладжує її нерівності, тим самим забезпечуючи більшу швидкість, захищає м'язові волокна від пошкодження і внутрішні органи риб від тиску води.

Луска також оберігає внутрішні органи риби від випадкових поранень об тверді й гострі предмети під водою. В деяких випадках луска здатна навіть захистити від зубів хижака і проникнення паразитів і мікроорганізмів.

Розміри луски пов'язані зі способами руху риби. У риб із вугроподібною і стрічко-подібною формами тіла, плаваючих завдяки його вигинанню, луска дрібна (вугрові, зубаткові) і практично невидима неозброєним оком, а в деяких випадках такий спосіб руху веде до її зник-нення (муренові). Таким рибам наявність луски лише ускладнювала б рухи тіла, і зі збільшенням частоти вигинань луска зменшується в розмірах. У скатів, бичків і сомів луска скорочена. Найбільша луска у малорухомих риб, більшість із яких є мешканцями стоячих вод чи коралових рифів. Наприклад, у старих особин дзеркального коропа та індійського вусаня діаметр лусочок досягає декількох сантиметрів.

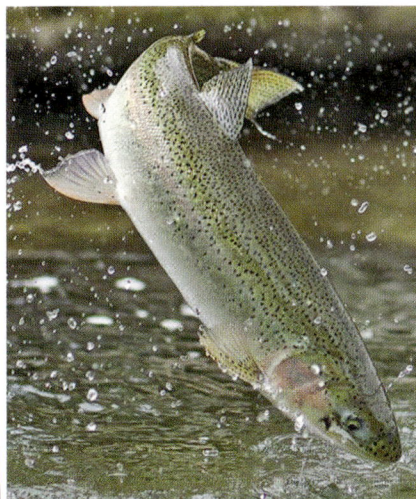

Для риб луска – це аналог шкіри або панцира черепахи. Лусочки щільно прилягають одна до одної і дійсно виглядають якимось панциром, пробити який не так просто.

Луска потрібна рибам і як засіб мімікрії (наслідування), вона завжди забарвлена під колір навколишнього середовища, прихову-ючи рибу від очей хижаків. Вона виконує й маску-вальну функцію: відбиваючи світло, вводить хи-жака в оману, даючи рибі змогу втекти. Косяки дрібної риби таким чином засліплюють ворога і заплутують його, ускладнюючи полювання.

Зустрічаються риби, у яких луска дрібна, вросла в шкіру, а зверху покрита шаром слизу. У великих риб луска велика, міцна й щільно прилягає одна до одної й до тіла. Проте луска є не у всіх риб. Немає луски у камбали, скумбрії та ін. Тіло деяких риб вкрите кістковими щитками й пластинками, які виконують захисну функцію.

Серед риб поширена луска трьох типів, що розрізняється за хімічним складом і фор-мою: плакоїдна, ганоїдна й кісткова.

Плакоїдна луска є найдавнішою за походженням. Вона властива викоп-ним рибам, а також сучасним акулам і скатам. Окремі лусочки мають форму ромбічної пластинки з шипом, який виступає зі шкіри назовні. Він міцний, оскільки зовні вкритий особливою емаллю.

Ганоїдна луска з'являється на більш пізній стадії розвитку риб. Вона має вигляд ромбічних товстих пластин, що з'єднуються між собою. Тому ця луска формує характерний щільний панцир або щитки на шкірі риб.

Кісткова луска сучасних риб складається всуціль із кісткової речовини. Особливістю такої луски є наявність на ній концентричних кілець, які утворюються в результаті нерівномірного росту риби.

Це – не риба!

Коли ми згадуємо тварин, які мешкають у морях і океанах, відразу на думку спадають риби. «Але я – не риба!» – так нам можуть сказати кити і їх найближчі родичі дельфіни. Бо саме цих морських жителів люди часто хибно вважають рибами через їхній зовнішній вигляд.

У воді живе безліч «не риб». В океані є представники усіх типів і класів існуючих на Землі організмів, за винятком комах.

Життя в океані існує в усій його товщі, навіть у найглибших западинах. Живі організми моря поділяються на два світи: рослин і тварин. Усього у воді живе приблизно 150 тис. видів тварин. Життя багатьох із них ще недостатньо вивчене.

В океані живуть найбільші тварини Землі – сині кити. Їх довжина – понад 33 м, а вага – 160 тонн. Щодня дорослий кит з'їдає 4 т дрібних рачків. Синій кит такий великий, що лише його язик важить стільки ж, скільки й невеликий слон.

Тваринний світ океану надзвичайно різноманітний. Найбільше в ньому молюсків – різних м'яких і слизьких тваринок, що, як правило, ховаються у будиночках-мушлях. До речі, всілякі восьминоги, каракатиці, кальмари теж належать до молюсків, але до головоногих. У морі також живе сила-силенна ракоподібних (крабів, раків, креветок, омарів, лангустів). Дуже цікаві голкошкірі мешканці морів та океанів. Такий їхній представник як морська зірка – один із найдавніших видів тварин, що дійшов до нас із доісторичних часів. А ось такі тварини як медузи, актинії та корали, хоча зовні абсолютно різні, об'єднані в одну групу – жалкі, бо в них усіх є жалкі клітини. Така клітина складається з капсули, наповненої пекучою рідиною. На її кінці є тонка жалка нитка з крихітним гарпуном. Вражаючи жертву, медузи чи поліпи викидають нитку назовні. Її укол паралізує або вбиває невелику тварину, а великій завдає відчутного опіку.

На відміну від риб, ссавцям і рептиліям необхідно спливати на поверхню моря, щоб дихати повітрям, і багато з них виходять на берег, щоб народжувати дитинчат або відкладати яйця. Проте вони добре пристосовані до життя під водою. Їх організм влаштований так, щоб зберігати кисень. У ссавців висока температура тіла, у воді вони втрачають тепло швидше, ніж на повітрі. Тому у більшості морських ссавців є прошарок жиру, який забезпечує теплову ізоляцію. Рептилії, які є холоднокровними, зберігають тепло іншими способами. Наприклад, морські ігуани гріються на сонці, перед тим як пірнути у воду, а морські черепахи живуть переважно в тропічних морях.

Серед хребетних, окрім риб, в океані живуть рептилії, здебільшого черепахи та змії, і понад 100 видів ссавців та ластоногих.

Тварини океанів дещо більші від морських. Так, гігантські кити поширені тільки в океанах.

Хоча ластоногі (моржі, тюлені, морські котики і леви…) можуть жити і на суші, їх називають морськими ссавцями, адже велику частину свого життя вони проводять у морі.

Щоб не розгубитися у великій кількості морських тварин, вчені ділять їх за умовами існування на планктон, нектон і бентос.

Планктон – це дрібні рослини і тварини, які населяють товщу води і яких переносять хвилі й течії. Це дрібні водорості, черв'яки, рачки, креветки, медузи. Планктон – основна їжа більшості мешканців океану, в тому числі риб і китів. Подекуди в океані планктону буває так багато, що він нагадує густі завислі хмари. У цій товщі «поживного пюре» «висять» медузи різних кольорів і форми. Такі райони багаті на рибу.

Нектон – морські тварини, які активно рухаються у воді. Це кити, дельфіни, моржі, тюлені, восьминоги, кальмари, водяні змії, черепахи та різноманітні риби. Вони легко можуть долати великі відстані.

Бентос – рослини і тварини, що оселилися на дні. У «підвалі» океану живуть водорості, корали, губки, морські зірки, краби, черв'яки.

Найбільш сенсаційним відкриттям стала наявність у дельфінів імен, за якими їх розрізняють побратими. Причому кожне дельфінятко отримує своє ім'я при народженні.

Дельфіни вважаються найрозумнішими ссавцями моря (а може, й суші). Деякі дельфіни можуть розрізняти до 60 слів, з яких можливо скласти до 2 000 речень. Дельфіни не живуть на самоті. Вони мають складну соціальну структуру і широкий діапазон емоцій, у тому числі почуття гумору. В той час, як більшість диких тварин уникають контакту з людьми, дельфіни, як відомо, обожнюють гратися і спілкуватися з людьми, особливо з дітьми.

Як риби полюють?

Риб варто називати всеїдними тваринами. Що вони тільки не їдять! Дрібні, часом зовсім не помітні простим оком плаваючі водорості (фітопланктон), м'які стебла і листя водної трави, мікроскопічно малі тварини, що живуть в товщі води (зоопланктон), дрібні тварини, що знаходяться на дні і почасти в ґрунті (бентос), і великі водні тварини, в тому числі риби, тварини суші, починаючи з комах і закінчуючи птахами і ссавцями, – все це тією чи іншою мірою є їжею риб.

Риб поділяють на мирних і хижих. Із мирними рибами все ясно: вони не їдять своїх родичів і сусідів, а харчуються переважно рослинами і безхребетними тваринами. У рослиноїдних мало конкурентів, і корму їм достатньо за умови, що їх не дуже багато у певній водоймі. Інколи вони здатні швидко очистити водойму від трави, за що і отримали назву «жива косарка».

Хижаки полюють по-різному. Сом, наприклад, підстерігає ту здобич, яка пропливає неподалік. Щука сидить у засідці і стрілою кидається на жертву, що опинилася в зоні її спостереження. В інших випадках вона шукає рибу, ганяючись за нею короткими кидками. Окунь або чатує в заростях трави, прекрасно замаскувавшись, або ганяється за дрібною рибкою до тих пір, поки та, знесилена, не опиниться у нього в пащі. Зібравшись у зграю, окуні влаштовують облаву на дрібних мешканців водоймища.

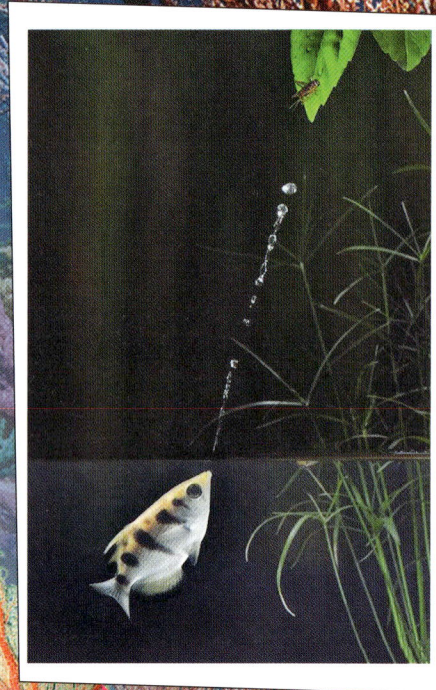

Риба-бризкун має дивовижну здатність полювати на комах, яких вона збиває з надводних рослин або безпосередньо в повітрі за допомогою води, яку ця риба вибризкує з рота.

Складніша справа із екзотичними, морськими і океанічними хижаками. До яких лише хитрощів і підступів не вдаються хижаки, щоб набити собі шлунок! В хід ідуть не лише гострі зуби, сильні щелепи, вміння швидко плавати, а й маскування. Вміння маскуватися необхідне хижакам, щоб вони могли якомога ближче підібратися до своєї здобичі. Так, клоунові риби (не плутати з рибами-клоунами, які відомі з мультфільму «У пошуках Немо») належать до загону вудильникоподібних або, як їх часто називають, морських чортів. Вони, на відміну від своїх родичів, живуть на мілководді серед коралових рифів, а не на величезній глибині в непроглядній пітьмі. Ці риби маскуються під корали, рослини та інші нешкідливі об'єкти. Як тільки повз них пропливають дрібні рибки, хижак кидається на них і буквально засмоктує в себе.

Хижі риби дуже зажерливі, вони ловлять таку кількість їжі, яку не в змозі перетравити. Хижаки хапають іноді і такі предмети, які аж ніяк не схожі на їжу. У шлунку однієї акули знайшли половину окосту, кілька баранячих кісток, задню частину свині, голову і передню частину бульдога, кінське м'ясо, шматок грубої матерії і шкребок для миття підлоги на судні. Це буквальний перелік, взятий із одного звіту. Акули гасають морем з роззявленими пащами і хапають все, що їм трапиться: їстівне і неїстівне, в тому числі викинуті за борт порожні пляшки та бляшанки з-під консервів.

Акули, опинившись у зграї оселедців, пожирають їх досхочу, а за мить з такою ж жадібністю знову кидаються на здобич. Та й звичайна щука не менша ненажера – може полювати на риб більшого розміру, ніж вона сама. Частина жертви залишається стирчати з пащі, і з таким «продовольчим вантажем» щука плаває довгий час.

Посеред річки Тарн, біля міста Альбі, є острів, який облюбували голуби. А навколо плавають величезні соми. Ці риби навчилися виповзати на берег, хапати голубів і тягнути в річку. Подібні повадки були помічені у дельфіна-афаліни, який підганяв риб до берега, і у аргентинських китів-убивць, які полюють на морських левів, які отаборилися біля води.

З хижаками складніше: крім всього того, що їдять мирні родичі, вони ще й не проти поласувати рибами, а також птахами і навіть ссавцями (невеликими тваринками).

Більшість морських чортів (мають страшний вигляд, тому й отримали таку назву) мешкає у морі на великій глибині. Всі вони мають спільну рису – так звану «вудку», яка є витягнутим спинним плавником. Передня частина «вудки» висить прямо над пащею і використовується для приманки здобичі. Хижаки ховаються серед водоростей, чекаючи, коли жертва зацікавиться «вудкою». Як тільки рак або якась риба підпливає на близьку відстань – хижак легко заковтує жертву своїм величезним ротом.

Морські водорості

Морські водорості – це найстародавніші рослини на Землі, які з'явилися близько 1,2 млрд. років тому. Багато мільйонів років вони існували на планеті, виживаючи в найсуворіших умовах, тому досягли висот еволюційного розвитку. Відомо більше 45 000 видів водоростей, які можуть значно відрізнятися за кольором, формою, розмірами та середовищем існування.

В основному водорості зустрічаються в морських і прісних водах. Залежно від середовища їх проживання водорості поділяють на глибинні, які кріпляться до морського дна, і планктонні, плаваючі в товщі води. Саме ці водорості виробляють органічні речовини, за допомогою яких існує все живе у водоймах. Вони називаються фітопланктоном. А на дні океанів водорості можуть утворювати справжні підводні ліси. Навіть якщо морська вода здається на перший погляд чистою і прозорою, в ній теж мешкають мікроскопічні водні рослини.

> Водоростям належить рекорд перебування на найбільшій глибині серед фотосинтезуючих організмів. Найчастіше вони мешкають на глибині близько 30 м, деякі види можуть опускатися і до 200 м. Але була знайдена коралінова червона водорість, яка мешкала на глибині 268 м.

Водорості поширені не лише у водному середовищі. Багато видів живуть і на поверхні землі або у верхніх шарах ґрунту. Водорості заселили майже всі придатні для життя місця на землі й у водоймах. Коричневий наліт на корі дерев чи різнокольорові плівки на камінні, на поверхні ґрунту чи льоду – все це теж водорості.

Водорості взаємодіють і з багатьма тваринами. Наприклад, рожевий колір птахів фламінго з'явився в результаті вживання ними червоних рачків і водоростей, що містять каротиноїд. Деякі можуть бути й небезпечними, як водорості, що живуть на коралових рифах і поступово знищують їх. Це відбувається через те, що водорості виробляють хімічні речовини для захисту від поїдання рибами, але ці речовини смертоносні для коралів. Є й паразитичні водорості й такі, які впроваджуються в мушлі морських мешканців та у вапняк.

Багато водоростей (більшість із них зелені) пристосувалися до життя на поверхні снігу й льоду. Розмножуючись, вони можуть викликати їх «цвітіння». Ці мікроскопічні організми викликають феномен, відомий під назвою «кавуновий сніг». Такий ефект викликає зелена водорість хламідомонада сніжна, яка містить червоний пігмент і надає снігу рожевий відтінок, запах і смак кавуна.

Іноді водорості живуть у симбіозі, тобто у взаємовигідному співдружжі з іншими організмами. Приклад симбіозу – лишайники, що являють собою «союз» грибів і водоростей. Зустрічаються й водорості-паразити, зазвичай вони залежать в своєму харчуванні від хазяїна (червоні водорості й деякі інші види).

В основному водорості належать до царства бактерій (синьо-зелені водорості) і до царства рослин. Розміри водоростей можуть варіюватися від часток мікрона (одноклітинні планктонні водорості) і до 30-50 метрів (бурі водорості). Найбільша водорість – ламінарія. Вона може досягати більше 60 м в довжину.

Деякі морські рослини мають люмінесцентні властивості й можуть світитися в темряві.

Водорості не мають не лише органів, а й тканин і покривних оболонок. Тільки клітини водоростей покриті клітинною стінкою і, в деяких випадках, клітинною оболонкою. Водорості не мають коренів, адже всі необхідні речовини всмоктуються через листя з води. Приєднуються вони до дна або коралів якоюсь подібністю коренів – ризоїдами, котрі діють як звичайні присоски, не даючи рослинам при припливі бути віднесеними в інше місце або викинутими на сушу.

Водорості розмножуються різними шляхами: вегетативним, безстатевим і статевим. Деякі з них можуть розмножуватися поділом клітин, інші – відростками частин стебла або спорами.

Вчені вважають, що всі водорості на планеті виробляють від 70 до 87% всього земного кисню. При цьому вони виводять величезну кількість вуглекислого газу. Існує припущення, що водорості можуть урятувати світ. Вченими розроблена нова технологія, яка допомагає зменшити викиди вуглекислого газу в атмосферу. При цьому в якості фільтрів будуть застосовуватися ємності з водою, що містить мікроводорості.

Водорості – це основні виробники органічних речовин на планеті. Їх частка в цьому процесі становить близько 80%. Водорості – це джерело їжі для багатьох тварин. Вони також є основою для утворення деяких гірських порід: вапняків, горючих сланців.

Як риби спілкуються?

Як і всі тварини, риби часто спілкуються між собою. Найчастіше, коли відлякують можливих небезпечних хижаків і під час залицяння. Як саме риби «розмовляють», залежить від виду і будови тварини. Так, наприклад, деякі різновиди морського півня дуже «балакучі». Вони «розмовляють» практично постійно. А є, навпаки, «мовчазні» риби, наприклад, тріска. Науковців зацікавило, про що «розмовляють» риби, і вони вирішили вивчити їхню мову. Для досліджень вибрали рибу-буркотуна – цю тропічну рибину так називають за те, що вона час від часу видає звуки, схожі на буркотіння або поскрипування. Результати спостережень показали, що скрипить риба-буркотун лише у певних ситуаціях, причому по-різному, отже, скрипіння – спосіб спілкування. Вчені встановили, що риба починає «говорити», коли залицяється до іншої рибини, захищає свою територію чи реагує на серйозну небезпеку.

Волохатий морський чорт – дуже дивна і страшна риба, котра живе на глибокому дні, де немає сонячного світла. Для приманки мешканців морських глибин використовує спеціальний наріст на лобі, що світиться.

Риби часто «розмовляють» за допомогою різних сигналів і звуків. Щоб повідомити про що-небудь родичам, вони виділяють особливі хімічні сполуки, змінюють забарвлення і форму (надуваються як м'ячі або витягуються у довжину), жестикулюють усім тілом, виділяють і вловлюють різні запахи, посилають і отримують електричні сигнали та спалахи світла, стукають і вібрують на поверхні чи у товщі води тощо. Також риби використовують для спілкування характерні пози (завмирання у неприродній позі, кружляння на місці тощо). Засобом спілкування можуть бути і звуки, вироблені зябрами або плавальним міхуром. Цим же міхуром риби сприймають звукові коливання, оскільки не мають таких вух, як людина. Різні риби здатні видавати різні звуки.

Риби активно реагують на так звану «речовину переляку», що виділяють у воду поранені чи загиблі родичі. Відчувши таку речовину у воді, зграя риб миттєво «розлітається» врізнобіч.

Є риби, які використовують зовнішнє середовище для створення звуків. Так, лисяча акула б'є по воді хвостом під час полювання, прісноводні хижаки в гонитві за здобиччю час від часу виринають на поверхню.

Відчувають вони один одного ще й за запахом. Варто відзначити, що у риб прекрасно розвинений нюх. Нюхають риби практично так, як і людина, за допомогою ніздрів. Вони здатні за запахом навіть знайти дорогу додому.

Величезне значення має нюх для так званих прохідних риб, тобто тих, які здійснюють тривалі подорожі з верхів'я річок, у яких вони вивелися з ікри, в море. У морі вони виростають, а потім знову повертаються на місце свого народження, щоб відкласти ікру. Так, кожну весну мільйони тихоокеанських лососів повертаються у свої річки на нерест. Їм доводиться пропливати вгору проти течії тяжкий шлях довжиною в кілька сотень кілометрів. Вчені виявили, що основним орієнтиром для риб служить запах води рідної річки. Дуже чутливий нюх допомагає лососям рятуватися від численних хижаків, які збираються на берегах під час їхньої подорожі. Вчені виявили, що якщо опустити у воду руку, лапу собаки чи ведмедя, то лососі, що знаходяться нижче за течією, відразу завмирають, відходять назад і лише через 15-20 хвилин продовжують рух. Вчені назвали речовини, які вони вловлюють, «фактором звірячої шкіри».

> **Біокомунікація** – зв'язок, спілкування між тваринами одного або різних видів шляхом передачі інформації за допомогою різних сигналів.

Риби, подібно комахам і деяким іншим тваринам, використовують феромони – хімічні сигнальні речовини. Сомики-кішки впізнають риб свого виду, відчуваючи смак виділеної ними речовини. Багато риб мають шипи із отруйними залозами, що захищають їх від нападу хижаків. Риби заздалегідь попереджують нападників, показуючи їм свою «зброю», наче кажуть: «Не підходь!».

Завдяки прекрасно розвиненому нюху і вмінню спілкуватися рибам вдається виживати навіть у складних умовах у найрізноманітніших водоймах. Вчені припускають, що здатність спілкуватися за допомогою звуків і жестів з'явилася у спільних предків костистих риб і сухопутних тварин ще до їх поділу – 420 млн. років тому.

Креветки

Креветки поширені не лише в морях усього світу, багато видів освоїли й прісні води, тож їх поділяють на морських і прісноводних. Розміри креветок варіюються від 2 до 30 см. Серце креветки розташоване в голові. Також у креветки в кожному ядрі клітини є в середньому по 90 пар хромосом (у людини їх 46). Ця група ракоподібних погано досліджена в регіонах, віддалених від європейського узбережжя, тому можна розраховувати на нові відкриття.

Креветок також можна розділити на холоднокровних і теплокровних. Холоднокровні креветки менші за розмірами, в них міститься більше поживних і корисних мікроелементів. Теплокровні креветки значно більші від холоднокровних за розмірами і виглядають більш екзотично.

Креветки відкладають велику кількість яєць (до 150 тисяч у креветки Розенберга). Це обумовлене тим, що більшість молодих особин гине на стадії личинки, лише кілька відсотків з них доживуть до дорослого стану. Висушена ікра морських креветок може зберігатися роками, але як тільки її помістити в комфортні умови, тобто у воду, то малюки вилупляться лише через декілька годин.

Креветки належать до десятиногих раків. Велике сімейство креветок дуже різноманітне. А багатьом видам креветок характерний гермафродитизм, завдяки якому протягом свого життя вони змінюють стать із чоловічої на жіночу.

Креветка-чистильник – один із найвідоміших мешканців коралових рифів. Зазвичай вона зустрічається там, де мешкають риби, бо харчується паразитами, що живуть на їх тілах. Яскраве червоно-біле забарвлення дуже великих клішнів є сигналом для риб: «Увага, чистильник». Креветка з їхньою допомогою вправно очищає тіло риб, поїдаючи слиз і паразитів. Цим креветкам не потрібно плавати у пошуках їжі, досить лише бути на одному місці й чекати, коли припливе риба і «принесе» на собі корм.

Чистка тіла риби – це справжній ритуал. Риба, що припливає, займає відповідну позу. Потім вона відкриває рота – це і свідчить про її готовність до чистки. Креветки своїм яскравим забарвленням і довгими вусиками приваблюють риб, примушуючи їх наблизитися до себе, а потім приступають до чищення їхньої шкіри. Щоб змусити рибу наблизитися до свого укриття, креветка також робить клішнями рухи, які нагадують рухи руками, що їх виконують актори в театрі тіней. Дослідження показали, що, позбавившись від паразитів, риби починають виділяти особливий слиз, який є винагородою креветкам за їхню працю.

Креветка добре бачить лише на короткій відстані (до кількох сантиметрів), в їх орієнтуванні у просторі більшу роль відіграють органи нюху та дотику. Вдень креветки закопуються в пісок, ховаючись від хижаків, залишаючи при цьому свої вусики (антени) на поверхні. При цьому вони можуть змінювати своє забарвлення залежно від типу середовища.

Імператорська креветка

Ця креветка – один з найбільш крихітних мешканців Червоного моря, її довжина становить не більше 1,9 сантиметрів. Вона живе на морських огірках і харчується паразитами і водоростями, за що її часто називають «креветкою-санітаром». Інші морські мешканці навіть пускають цю любительку чистоти на свою територію – навести там порядок.

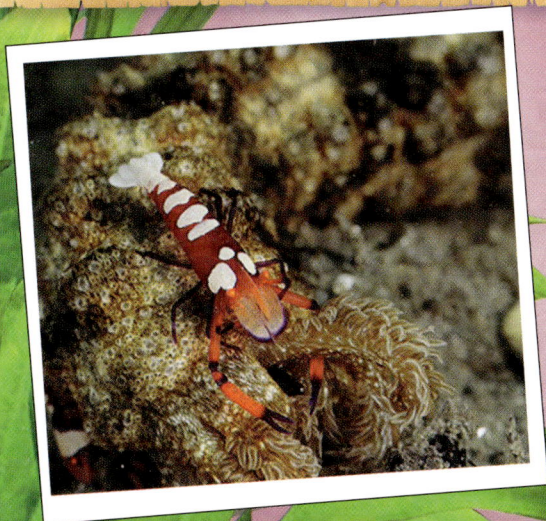

Деякі креветки здатні до біолюмінесценції. На нижній половині тіла у них розташовані світні органи, що роблять їх непомітними на тлі світла з поверхні.

Гігантська прісноводна креветка

Ці гіганти, які виростають до 30 см завдовжки, сіро-блакитні креветки – істоти прісноводні. Вони мешкають в теплих, тропічних районах земної кулі – в Індо-Тихоокеанському регіоні, в Південно-Східній Азії і на півночі Австралії. Незважаючи на назву, ці гігантські креветки стають прісноводними не відразу, а лише подорослішавши. У личинковій же стадії вони дуже залежать від солонуватої води, що з'являється в місцях впадання річок в океан.

З усіх мешканців океану креветка є «найгучнішою». А певний вид цих ракоподібних, названий «стріляючими креветками», на своїх лещатах має спеціальне пристосування, яке дозволяє видобувати гучне клацання. Потужність звуку при цьому – 218 децибел – ставить їх в один ряд із ревучими китами. Креветки використовують цю здатність для полювання – звук такої сили дозволяє вбити невелику рибу, що знаходиться поблизу.

У своєму розвитку самці гігантських прісноводних креветок долають три важливі стадії, при цьому кожна наступна панує над попередньою. На першій стадії самець маленький, його клешні майже непомітні і напівпрозорі. Швидкість переходу самця на новий щабель залежить від наявності більш розвинених конкурентів, які всіма силами борються з підростаючими суперниками.

Друга стадія – помаранчеві клешні. У цей період самець стає крупнішим, клешні змінюють колір на оранжевий і виростають до розмірів тулуба.

Шанс перейти на найвищу сходинку – блакитні клешні – випаде йому тільки тоді, коли він стане більшим за домінантного самця в своєму оточенні.

Самці всіх трьох стадій сексуально активні і здатні паруватися з будь-якою самкою. Під час линьки самка стає повністю беззахисною і може загинути від своїх же родичів-канібалів. У таких ситуаціях тільки самці з блакитними клешнями стають на захист своєї партнерки, а маленькі і помаранчеві самці просто відправляються на пошуки нової «пасії».

Креветка-боксер (лат. Stenopus hispidus) має досить кепський характер. Якщо в одному акваріумі виявиться кілька особин однієї статі, то вони обов'язково почнуть конфліктувати. Причому їхня війна неодмінно закінчиться загибеллю слабших представників виду. У цих креветок настільки могутні клешні, що вони можуть становити небезпеку для інших рибок і ракоподібних.

У природі креветки-боксери зустрічаються у всіх теплих тропічних морях Світового океану від Червоного моря і південній частині Африки до самих Гавайських островів. Вони живуть у вузьких щілинах, під карнизами коралових рифів і в невеликих печерах. Більшу частину дня вони рухливі і активні, однак залишають свій притулок з великою обережністю. Цікаво, що тут вони майже не «лаються» між собою, а навпаки, мирно селяться невеликими групами, займаючи певну територію.

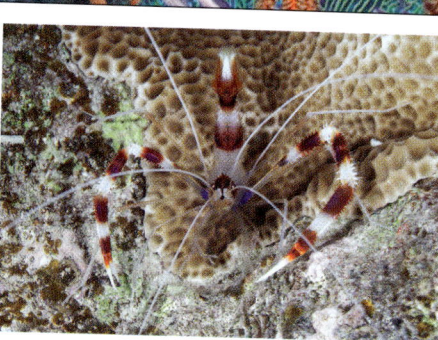

Найбільша креветка в світі – тигрова, з характерними смужками на панцирі. Довжина таких креветок досягає 36 см, а вага – 650 г. Зазвичай самки більші за розміром і вагою, ніж самці. Втім, є ще більша креветка джамбо – до 37 см завдовжки, а довжина королівської креветки не перевищує 20 см.

У складі креветок є речовина – астаксантин, яка робить їх червоними, вона в 10 разів потужніша за будь-який антиоксидант, знайдений у фруктах або овочах, і в 500 разів – за вітамін Е.

Смарагдова елізія

Смарагдова елізія (Elysia chlorotica) – невеликий черевоногий молюск, що зустрічається на глибині до 50 см в бухтах і заводях на східному узбережжі США, а іноді біля берегів Канади.

Дорослі особини цього молюска мають у своїх клітинах хлоропласти нитчастих жовто-зелених водоростей Vaucheria litorea, тому їх тіло має яскраво-зелений колір. Час від часу на тілі можуть проступати червоні або сірі плями, інтенсивність яких залежить від кількості хлорофілу в їжі. Середня довжина тіла молюска Elysia chlorotica становить 2-3 см, але іноді зустрічаються «гіганти», які виростають до 6 см.

Харчується молюск водорістю Vaucheria litorea, якої вдосталь на мілководді. Молюск розгризає оболонку водорості спеціальною терткою, яка по-науковому називається радулою (від лат. Radula – скребок), і висмоктує м'який вміст водорості. Ця радула схожа на язик, вкритий дрібними хітиновими зубцями. Орган знаходиться в ротовій порожнині тварини. Кількість зубців на радулі може варіюватися від 75 тис. до 2 млн.

Висмоктані «нутрощі» водоростей молюск перетравлює, за винятком хлоропластів, які в незайманому вигляді переходять в клітини самої тварини. У міру дорослішання (а поїдають водорості вже дорослі особини Elysia chlorotica) тіло тварини повністю забарвлюється в зелений колір і вона перестає харчуватися рослинами, підживлюючись тільки сонячною енергією. Для цього їй необхідно постійно бути під сонцем.

Ця тварина – єдина, відома вченим, що здатна до фотосинтезу. До того, як ця здатність була виявлена у молюска, вважалося, що споживати вуглекислий газ і розкладати його на воду і кисень можуть лише рослини.

Elysia chlorotica – гермафродит, проте для розмноження необхідно перехресне спаровування. Чомусь самозапліднення у молюсків не поширене, хоча кожна особина має і чоловічі і жіночі статеві органи. Після запліднення і відкладання яєць молюск гине. Вчені вважають, що смерть тварин «запрограмована» спеціальним вірусом, що живе у клітинах молюска.

Актинії

Актинії, морські анемони, цвітанівці, морські троянди (лат. Actiniaria) – ряд морських тварин типу кишковопорожнинних. Анемони – хижі морські організми, що ведуть «сидячий» спосіб життя. Зазвичай поодинокі, рідше колоніальні тварини циліндричної форми, розміром від кількох міліметрів до 1 м в поперечнику.

Актинії дуже схожі на чарівні рослини з дивовижними квітками. Недарма їх багатьма мовами світу називають морськими анемонами.

Актинії належать до класу коралових поліпів, але не утворюють вапняного скелета.

Циліндричне тіло актиній усічене зверху і має щілиноподібний рот, оточений рядами щупалець. Знизу тіло закінчується «підошвою», за допомогою якої тварина присмоктується до підводних предметів. Прикріпившись до скель або каменів на мілководді, ці тварини часом утворюють величезні скупчення, що нагадують різнокольоровий живий килим.

Актинії живуть всюди – в арктичних широтах і на екваторі, в берегових пісках і в позбавлених світла морських глибинах понад 10 000 метрів, на водоростях, морських тваринах, на губках і коралах.

Більшість видів актиній воліють жити на невеликих глибинах прибережного мілководдя у воді з досить великою солоністю. Вони живуть переважно поодинці і ведуть «сидячий» спосіб життя, хоча іноді можуть повільно пересуватися морським дном.

Вчені налічують близько 1 000 видів актиній, які розрізняються за формою, забарвленням і розмірами. Діаметр найбільших актиній – майже метр, а самих маленьких – кілька міліметрів.

В природі зустрічається і мирне співжиття актиній і риб. Серед щупалець актиній живуть рибки-клоуни, які покриті захисним слизом-оболонкою, що захищає їх від отрути щупалець.

Навіть в пошуках їжі ці рибки не відпливають далеко від актинії і в разі небезпеки відразу ж ховаються в гущі щупалець. У свою чергу, рибки, поїдаючи здобич поблизу рота актиній і втрачаючи її залишки, підгодовують свою рятівницю, а биттям плавників поліпшують її газообмін. Таким чином, і риби-клоуни, і актинія отримують користь від цього союзу.

Але це не єдиний випадок симбіозу актиній з іншими організмами. Класичним прикладом таких взаємин є симбіоз морських анемон і раків-самітників. У найпростішому варіанті рак Eupagurus excavatus шукає порожню раковину з актинією на ній. У разі успіху він переповзає зі своєї раковини в знайдену.

Відносини раків-самітників з актиніями є істинним симбіозом, тому що вигідні обом партнерам: рак захищений від ворогів жалкими нитками актиній, у актинії ж покращуються умови харчування як за рахунок розширення зони полювання, так і за рахунок «столу» рака-самітника.

Зустрічаються актинії, які самі шукають співмешканця. Тварина щупальцями, а не підошвою чіпляється за камінь або поліп і в такому стані чекає, коли під нею проповзе рак. Коли рак з'являється, вона підошвою хапається за його клешню і потім перебирається до нього на спину.

Деякі види актиній харчуються органічними частками, завислими в морській воді, переганяючи їх за допомогою биття війок, розташованих на всій поверхні тіла, в рот.

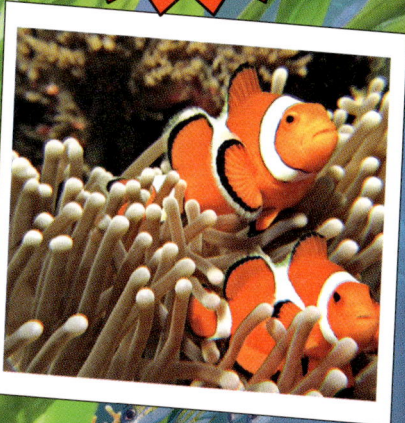

У деяких видів актиній на кінцях щупалець утворюються нитки за рахунок формування великої кількості жалячих капсул. Численні щупальця, забезпечені великою кількістю жалячих клітин, служать для захисту і добування їжі. Щупальцями актинія схоплює здобич – дрібних живих організмів, вбиває їх або паралізує жертву (за допомогою жалячих клітин), а потім відправляє в ротовий отвір. Навіть людина отримає хворобливі опіки, якщо доторкнеться до отруйних щупалець.

Однак отрута жалячих капсул – все ж не абсолютно надійний засіб захисту. Актиній переслідують деякі молюски, більш-менш нечутливі до їх отрути, а також риби деяких видів, які заковтують морських анемон. Дрібні ж рибки є чудовим кормом для хижих актиній.

Мішкоглот або чорний пожирач

Мішкоглот – глибоководний представник окунеподібних з підряду хіазмодових. Ця невелика риба виростає до 30 см в довжину і зустрічається повсюдно в тропічних і субтропічних водах.

Мішкоглотом цю рибу називають за її здатність ковтати здобич, яка в кілька разів більша за неї саму. Справа в тому, що вона має дуже еластичний шлунок, а в животі немає ребер, які б перешкоджали розширенню риби. Тому вона запросто може проковтнути рибу, в чотири рази довшу за свій зріст і в 10 разів важчу!

Так, наприклад, недалеко від Кайманових островів був виявлений труп мішкоглота, в животі якого знаходилися останки макрелі завдовжки 86 см. Довжина самого мішкоглота була лише 19 см. Тобто він примудрився проковтнути рибу, в 4 рази довшу за себе. Причому це була макрель, відома як риба-скумбрія, яка дуже агресивна. До кінця не зрозуміло, як така маленька риба впоралася з більш сильним суперником.

Мешкає мішкоглот на глибині 700-3 000 м. Спостерігати за твариною в її природних умовах проживання неможливо, тому про її життя відомо дуже мало.

Тіло риби темно-коричневого, майже чорного кольору. Голова середнього розміру. Щелепи дуже великі. Нижня щелепа не має кісткового з'єднання з головою, тому розкрита паща мішкоглота здатна вмістити здобич, значно більшу голови хижака. На кожній щелепі передні три зуба утворюють гострі ікла. Ними чорний пожирач утримує жертву, коли проштовхує її в шлунок.

Проковтнута здобич може бути така велика, що відразу і не перетравлюється. В результаті розкладання всередині шлунка вивільняється велика кількість газу, який тягне мішкоглота на поверхню. Найвідоміші зразки чорного пожирача були знайдені саме на поверхні води з роздутими животами, які не давали рибі піти на глибину.

Мішкорот

🪸 Мішкорот – слабо вивчені великі глибоководні риби, що мешкають по всіх океанах, за винятком Північного Льодовитого. Не варто плутати мішкорота з мішкоглотом, який набагато дрібніший у розмірах і мешкає ближче до поверхні.

🪸 Мішкорот (лат. Saccopharynx) – єдиний відомий рід глибоководних риб в сімействі Мішкоротих. Мешкає на глибині від 2 до 5 км. Дорослі риби можуть досягати 2-х метрів в довжину. Укупі з величезною пащею, засадженою гострими зубами, людині мішкорот бачиться справжнім монстром з глибин.

🐚 Тіло риби сигароподібне, з довгим хвостом, який може в 4 рази перевищувати довжину тіла. Плавців немає, за винятком грудних, але добре розвинених. Рот великий, сильний і гнучкий, із загнутими всередину пащі зубами. У черепі риби відсутні деякі кістки, тому мішкороту легко відкрити пащу майже на 180 °. Зябра не схожі на зябра інших риб і розташовані не на голові, а на череві. На великій глибині не завжди достатньо їжі, тому риба пристосувалася наїдатися «про запас», захоплюючи їжу, більшу власної ваги і розміру.

Особливістю риби є те, що бічна лінія розташована не в шкірному каналі, як у інших риб, а винесена на тіло. Це робить мішкорота більш чутливим до збурень води і дає змогу точніше визначати місце здобичі за вихідними від неї хвилями.

На тілі риби є фотофори – біолюмінесцентні органи світіння, які, приманюють до хижака дрібну рибу, котра складає основний раціон харчування мішкорота. Мережа «лампочок» тягнеться від голови до хвоста і видає тьмяне біле світло. Так само по тілу хаотично розкидані кольорові бородавки, що випускають рожеве світіння.

Анчоус або хамса

Анчоус або хамса – риба довжиною 12-15 см. Живе в помірно теплих водах у відкритому морі поблизу всіх материків, за винятком Антарктиди. Є важливим об'єктом промислу.

Ця дрібна рибка має довге витягнуте тіло. Рот великий, сильно виділяється на морді. Характерною відмінністю цієї риби є те, що розріз рота закінчується далеко позаду очей, дозволяючи відкривати пащу дуже широко. Плавці сильні, добре розвинені, що дає змогу рибі короткочасно набирати велику швидкість або блискавично кидатися в сторону.

Риба збирається у величезні зграї, слідуючи за «полями планктону», яким харчується. Самі ж анчоуси є улюбленою здобиччю величезної кількості морських тварин і птахів. За зграєю риби постійно йдуть чайки, на них полюють такі морські риби як баракуди, акули, сардини, китоподібні і дельфіни. В Європі мешкає один з 7 видів анчоусів, який так і називається – європейський анчоус.

Біля берегів Перу і Чилі мешкає інший вид анчоусів – перуанський. Цей вид найбільш великий, виростає до 20 см. Крім традиційного зоопланктону цей вид поїдає також дрібних личинок інших тварин. Саме в Перу з цієї риби виготовляють найякісніше в світі рибне борошно, і саме з анчоусів. В даний час кількість цієї риби біля берегів південної Америки надзвичайно велика. Це зростання пов'язане зі збільшенням фітопланктону у водах океану, який почався з 80-х рр. 20 ст. До цього часу анчоуси не водилися в достатку через температурні коливання в Тихому океані. Перуанський вид анчоусів становить 90% всього вилову анчоусів за рік у всьому світі.

Аргентинський вид анчоуса є найбільшим за біомасою рибним ресурсом в західній частині Атлантичного океану. Він є найважливішим компонентом харчування таких риб як хек і скумбрія.

Пекельний вампір

Про цього молюска відомо дуже мало. Вся інформація про його природну поведінку зібрана з випадкових зіткнень з глибоководними апаратами. У разі вилову та утримання тварини в акваріумі вчені можуть спостерігати тільки її оборонні дії.

А їх у нього в достатку. Починаючи з того, що під час паніки, щоб збити нападника з пантелику, він випльовує у воду цілий сніп іскор, які горять в темряві, поки молюск тікає. Звичайно, це не справжні іскри, а спеціальна рідина, що має люмінесцентну здатність. Так як у пекельного вампіра немає чорнильного мішка – в непроглядній темряві він просто не знадобиться, то цією світловою хмарою вампір засліплює ворога, а сам просто відпливає трохи в сторону.

Відплисти далеко йому не вдасться, тому що мускулатура розвинена дуже слабо. На такій глибині вона, по-перше, не потрібна. А по-друге, життєві процеси у пекельного вампіра уповільнені з метою економії кисню. На глибині, де мешкає вампір, кисню у воді критично мало. Щоб компенсувати його нестачу, у молюска є великі зябра, а кров містить мідь, яка ефективно вбирає і зв'язує кисень «про запас».

Ще для запобігання нападу хижака пекельний вампір широко розгортає свої щупальця, які в темряві світяться великими фотофорами і надають маленькому молюску значного розміру. Цей обман зору дуже ефективний у повній темряві. Молюск може спалахувати на соту частку секунди, засліплюючи і дезорієнтуючи ворога.

Пекельний вампір – невеликий (до 30 см) головоногий молюск, що живе в теплих водах світового океану. Єдиний з відомих головоногих молюсків, які можуть мешкати на глибині до 1 км.

Наскільки ці хитрощі допомагають молюску залишитися в живих, судити важко. У спійманих рибах іноді знаходять його рештки, але кількість таких знахідок невелика. Так що або вони дійсно майстерно уникають нападу, або їх дуже мало. Хоча не виключено, що той же кашалот просто не намагається зловити вампіра – тіло молюска перенасичене аміаком, так що гастрономічного інтересу він не становить навіть для кашалотів.

Риба «футбольний м'яч»

Footbalfish – сімейство глибоководних риб загону вудильникоподібні, що зустрічаються в тропічних і субтропічних водах світового океану. За свою округлу форму, що нагадує м'яч, в англомовних країнах за рибою закріпилася назва «риба-футбольний м'яч».

Як і у інших вудильникоподібних, для цього сімейства характерний яскраво виражений статевий диморфізм – самки великі, майже ідеальної кулястої форми. Довжина дорослої жіночої особини може перевищувати 60 см. Самці, навпаки, дуже дрібні – менше 4 см, а тіло злегка витягнуте. І самці і самки темного кольору.

У самок велика паща, засаджена рядами численних, близько посаджених зубів. Морда коротка, тупа. Біля очей є недовга «вудка», на кінці якої є біолюмінісцентна «цибулина», що світиться в темряві завдяки спеціальним бактеріям. Довжина «вудки» і колір світіння коливається в межах виду. Зустрічаються особини з розгалуженим вусом, а так само з дуже короткою вудкою, яка практично не виступає над головою. У дорослих чоловічих особин footbalfish атрофована система травлення. Їх щелепи позбавлені зубів і становлять одну велику присоску з 10-17 гачкуватими

Тіло риби водянисте, драглистої консистенції. У дорослих самок виростають «щитки» – кісткові пластини, що покривають тіло тварини і захищають його від механічних пошкоджень. У самців такі щитки відсутні.

зубцями. Головне завдання цієї щелепи-присоски – надійно закріпитися на тілі самки, прокусити її шкіру і дістатися до кровотоку. Самець вудильника більше схожий на шкірного паразита – його життя повністю залежить від знайденої ним у темряві самки. Закріпившись на тілі риби, самець повністю втрачає самостійність. Кровоносні системи тварин зливаються, в результаті чого зникає необхідність в самостійному добуванні їжі. В якості «розплати» за таке спокійне життя самець все життя постачає самку сперматозоїдами.

Footbalfish була вперше виявлена на початку XX ст. Ареал проживання цих вудильників починається на глибині 1 000 м і нижче. Риби малорухливі, їх мускулатура не призначена для швидких рухів або довгих плавань. Ймовірно, вони ведуть осілий спосіб життя.

Атлантичний великоголов

Атлантичний великоголов, якого ще називають хоплостет, атлантичний слизоголов, ісландський берікс (лат. Hoplostethus atlanticus) – вид великих глибоководних променеперих риб сімейства великоголових (Trachichthyidae).

Великоголов атлантичний – дуже велика риба в порівнянні з іншими глибоководними. В довжину може досягати 75 см, а вагою – до 7 кг. Тіло щільне, широке біля голови і вузьке біля хвоста. Очі великі, рот сильно нахилений вниз, бічна лінія добре помітна. Має дуже яскравий цегляно-червоний колір.

Мешкає ця риба близько дна в холодній воді (від 3 до 9 ° C) на глибині 180-1800 м в Атлантичному, Тихому та Індійському океанах. Веде малорухливий млявий спосіб життя. Утворює великі зграї навколо підводних гір або каньйонів, де рух води приносить досить їжі для прожитку. У період розмноження великоголов мігрує в місця нересту, збиваючись в щільні зграї. Самка відкладає до 22 тисяч ікринок, що в перерахунку на масу тіла становить лише 10% від середньої плодючості інших риб.

Вид знаходиться під загрозою зникнення. В деяких місця проживання атлантичного великоголова він уже повністю виловлений.

Атлантичний великоголов відомий великою тривалістю життя. Максимальний зареєстрований вік риби склав 149 років. Вік був визначений за допомогою радіоізотопного датування кісток риби. Інший спосіб визначення віку (за кільцями зростання) дав ще більшу цифру — 156 років.

Атлантичний великоголов – об'єкт комерційного промислу. Виловлюють його за допомогою глибоководного траулерного лову. Для продажу залишають особин 30-40 см. Більші риби можуть бути отруйними через велику кількість ртуті, що накопичується в тканинах. За довге життя в м'ясі великоголова може зібратися ртуті в обсязі 0,3-0,86 ppm. Максимальний безпечний рівень ртуті в м'ясі риби складає 1 ppm.

Баракуда

Баракуда, також сфірена, або морська щука (Sphyraena) – рід великих хижих риб, єдиний у родині Баракудових (Sphyraenidae). Баракуда мешкає в тропічних водах світового океану. Найбільш часто зустрічається в Червоному морі, де водиться велика баракуда – найбільша серед баракудових.

Усі представники родини – це кровожерні хижаки, а їхні харчові вподобання залежать від місця існування і розмірів. Вона полює на риб, креветок, кальмарів і навіть своїх родичів. Будь-який морський мешканець, який менше її за розміром, може бути атакований. А з огляду на те, що виростає баракуда до 2 м завдовжки, можна припустити, що навіть метрові риби потрапляють їй в

пащу. Зазвичай баракуди атакують свою жертву блискавично, міцно хапаючи її гострими, як бритва, зубами. У баракуд гарний зір, тому вони чудово плавають у каламутній воді, де, як правило, бачать краще, ніж їхня потенційна здобич. Під час спільного полювання баракуди атакують косяки риб. Баракуда, досягнувши значних розмірів, може поїдати отруйних голкобрюхів. Ймовірно, в її м'язах накопичуються токсини з м'яса цих риб, тому її м'ясо небезпечне.

Інколи баракуди нападають на людей, але, ймовірно, напад було скоєно в каламутній воді, і риба просто не розгледіла об'єкт полювання.

Довге, стрункне тіло дозволяє баракуді миттєво атакувати здобич і здійснювати блискавичні короткочасні ривки. Наздоганяючи здобич, баракуда смертельно ранить її не тільки своїми гострими зубами, а й потужним ударом.

Баракуду називають морською щукою зовсім не випадково, і хоча за внутрішньою будовою вони зовсім різні, зовні ці риби дуже схожі. Потужна щелепа нагадує річкову «тезку». Поведінка теж схожа: в зграї збирається тільки молодь, а дорослі особини тримаються поодинці. Нападають із засідки, підстерігаючи жертву в каменях, на кордоні підводної трави і відкритої води.

Лазіогнат — вправний рибалка

Лазіогнат (Lasiognathus) – риба з роду морських чортів, що мешкає в Тихому й Атлантичному океані. Серед іхтіологів відома під неофіційною назвою «вправний рибалка». Своє прізвисько рибалки Lasiognathus отримав тому, що у цієї риби є майже справжня вудка, за допомогою якої вона полює на інших риб і безхребетних. Виріст складається з короткої вудки (базальної кістки), волосини (видозміненого променя спинного плавця), гачка (великих шкірних зубчиків) і приманки (фотофор, що світяться). У різних підвидів цієї риби будова вудки може варіюватися від короткої (до середини тіла) до довгої (що перевищує довжину тіла). Про цю рибу відомо вкрай мало. З моменту його опису минуло менше 100 років. За цей час були відзначені місця в світовому океані, де зустрічається морський чорт і те, що живуть ці риби на великих глибинах – 4 км від поверхні води.

Вчені припускають, що у Lasiognathus-а яскраво виражений статевий диморфізм. За весь час в руки людині потрапляли лише самки, тому існує версія, що самці виглядають дещо інакше, можливо, набагато дрібніше. Риба має тонке тіло з величезною головою, яка становить 60% всієї довжини риби. Верхня щелепа довша нижньої, виступає вперед. Коли паща закрита, нижня щелепа майже вся «потопає» всередині верхньої. Рот усіяний довгими зубами.

Всього відомо тільки п'ять видів цієї глибоководної риби. У кожного з них є значні морфологічні відмінності, але вудка незмінно виділяє цю рибу серед інших.

Базальна кістка у Lasiognathus-а може ковзати жолобом всередині черепа, який проходить по всій довжині голови риби. Переміщення цієї кістки приводить в рух всю вудку. Інтенсивність світла на кінці волосіні регулюється спеціальним шматком шкіри. «Граючи» такою приманкою, риба заманює здобич ближче до своєї величезної пащі. Іхтіолог Вільям Біб припустив, що своєю вудкою риба не приманює здобич, а, навпаки, лякає. З огляду на велику довжину такої снасті Lasiognathus різко викидає її вперед, тим самим засліплюючи жертву. Поки та встигне оговтатись, хижак хапає її своєю пащею.

Мечохвости

Мечохвости – морські членистоногі, які отримали свою назву за довгий шип, розташований в задній частині тулуба. Ця тварина живе на Землі понад 440 млн. років і по праву вважається «живим викопним». До сьогодні збереглися лише 4 види мечохвостів, а значна їх частина вимерла і відома тільки за скам'янілими останками.

Тіло тварини зверху практично повністю приховане під щільним панцирем, за винятком довгого хвоста. При цьому панцир – це не тільки обладунки, які служать для захисту тіла, а й важкі мінералізовані кутикули (щільні утворення епітеліальної тканини), на яких знаходяться життєво важливі органи. Так, очі мечохвоста розташовані саме на панцирі й дивляться вгору і вперед, а не вниз, як може здатися спочатку.

Тіло мечохвоста розділене на дві частини: передню (головогруди) і задню (черевце). Обидві частини вкриті власним панциром, що забезпечує рухливість однієї частини тіла незалежно від іншої. Передня частина має шість пар ніг – п'ять для руху і одна, більш коротка, для харчування. Зубів у мечохвоста немає, тому передніми ногами він розриває їжу на шматочки, щоб відразу ковтати.

Мечохвости живуть 19-20 років, виростаючи до 60 см в довжину, що значно перевищує зріст їх далеких предків. Тоді, більше 500 млн. р. тому, мечохвости могли похвалитися тілом в 1-3 см.

Головогруди тварини злегка загнуті вниз, тому при русі дном членистоногі, подібно плугу, «врізаються» в дно, «зрізаючи» його поверхню, де мечохвіст і знаходить собі їжу. Хвіст допомагає тварині керувати напрямком руху та утримуватися на дні при сильній течії. До того ж хвіст досить рухливий, тому навіть перевернутий на спину мечохвіст швидко приймає нормальне положення тіла завдяки саме хвосту. Більшу частину свого життя вони проводять на мулистому дні на глибині 10-40 м від поверхні, нишпорячи в пошуках падалі і дрібних молюсків, якими харчуються. Живуть мечохвости в теплих тропічних водах на Південному Сході Азії і на східному узбережжі Північної Америки. Розмножуються метанням ікри. Досягнувши статевозрілого віку в 10-12 років, у період нересту тварини виповзають на піщані пляжі, осушувані відливами. Самець, закріпившись на панцирі самки, чекає, коли та викопає в піску ямку, в яку відкладе до 1 000 ікринок. Після цього самець запліднює кладку і пара назавжди покидає місце нересту, а дозрівання ікри відбувається автономно в товщі ґрунту. Відсоток загибелі ікри до виходу з неї молоді досить низький – всього 10%. Личинка, яка з'являється з яйця, майже ідентична дорослому мечохвосту, за винятком недорозвиненості деяких внутрішніх органів.

Вибравшись з піску у воду, личинка здатна плавати, перевертаючись черевцем вгору. До першої линьки у молодого мечохвоста не вистачає однієї пари ніг, яка відростає з часом.

Очей у мечохвоста може бути цілих чотири. Два розташовані в передній частині панцира і дивляться вбік, а інші очі дивляться вперед. Немає точної відповіді на питання – скільки очей у мечохвоста? Справа в тому, що два ока розташовані так близько один до одного, що можуть зливатися в один орган.

Той факт, що для розмноження мечохвости виходять з води, змусив учених вважати, що вони могли жити і в прісній, і в солоній воді, а то і зовсім не бути морськими тваринами в палеозойський період.

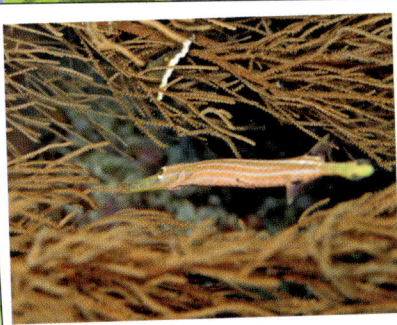

В однієї й тієї ж особини колір тіла може змінюватися протягом життя і залежить від навколишнього оточення.

Trumpetfish – риба-флейта

Цю рибу не слід плутати з морською голкою. Морську голку теж іноді називають «риба-труба», але нічого спільного з Trumpetfish у неї немає (за винятком того, що вони обидві – риби), хоча зовні вони дуже схожі.

Риба-флейта – унікальна риба. Вона має довге витягнуте тіло з трубчастою мордою. Практично не плаває, вважаючи за краще висіти вертикально вниз головою, зливаючись з довгими коралами, морським пір'ям або губками. Або, віддавшись волі течії, ця риба погойдується біля самого дна, нагадуючи якусь палицю. Подібним чином вона не тільки маскується від хижаків, а й підстерігає здобич – дрібну рибу і креветок. Часто риба-флейта нападає прямо зверху – дочекавшись, коли під нею проходить чергова креветка, вона втягує в себе воду, а разом з нею і жертву, яка нічого не підозрює.

Trumpetfish може досягати 80 см у довжину. Колір тіла – від темно-коричневого до зеленувато-жовтого. Часто забарвлення буває строкатим, з чорними або білими плямами і смужками. Існують також рівномірно жовті форми, які стали «візитною карткою» цієї риби.

Інколи риба починає полювати на дрібну рибу. Оскільки плавець з неї кепський, вона повільно крадеться поруч з великою травоїдною рибою. Дрібнота не лякається наближення гіганта і не звертає уваги на «палицю», що пливе поруч з нею, поки та не підійде досить близько, щоб зробити свій єдиний «засос».

Гігантський каранкс

Гігантський каранкс – морська риба сімейства ставридових, 170 см довжиною і вагою понад 80 кг. Широко розповсюджений в тропічних і субтропічних водах Індійського і Тихого океану.

Дорослі особини зустрічаються на глибоких рифах і великих затоках, на глибині 10-100 м. Молодь тримається мілководних лагун, збираючись у зграї. Дорослі каранкси дотримуються одиночного способу життя, лише іноді збираючись в невеликі групи для спільного полювання.

Гігантський каранкс – активна риба. Дорослі риби можуть курсувати по своїй «домашній» території колами, що досягають в діаметрі 9 км. Однак між островами і атолами вони не переміщуються, залишаючись вірними своїй «батьківщині».

Сезонні міграції риби значно більші. До місця нересту вони можуть проходити до 30 км, а молодь пропливає до 70 км до свого постійного місця проживання.

Часто гігантського каранкса називають «гігантською ставридою» через великі розміри і зовнішню схожість. Він має велике овальне тіло, помірно стиснуте біля спинного плавника.

Ця риба займає високі позиції в харчовому ланцюгу поверхневих хижаків тропічних вод. В незайманих людиною північно-західних водах Гавайських островів гігантський каранкс становить 70% від числа всієї біомаси хижої риби, що живе на поверхні.

Полює каранкс в основному на більш дрібну рибу. Рідше об'єктом полювання стають ракоподібні і головоногі молюски. Як правило, полює риба одна. У тих рідкісних випадках, коли каранкси збираються в невеликі зграї для спільного полювання, риби не дбають про те, щоб їжі вистачило на всіх членів групи. В таких зграях домінує одна або кілька великих особин, які і поїдають більшу частину улову. Решта ж виконують в основному роль «масовки», організовуючи «загін» здобичі.

Людству відома ця риба з давніх часів. Традиційно Гаваї є «колискою» каранкса. Тут ця риба є символом мужності завдяки своїй силі. Спіймана на гачок, вона чинить опір з останніх сил, намагаючись круговими рухами піти глибше під воду. Сотні років тому жінкам з гавайських островів навіть заборонялося їсти м'ясо гігантських каранксів, яких порівнювали з прекрасним сильним воїном.

Гігантський макрурус

Гігантський макрурус або гігантський гренадер – глибоководна риба із загону тріскоподібних, що найбільш часто зустрічається в холодних водах – Охотському морі, та узбережжі Камчатки, поблизу Курильських і Командорських островів. Тут вона відома як «малоокий довгохвіст» або «малоокий макрурус», хоча в інших країнах її загальноприйнято називати гігантським гренадером.

Розміри риби дійсно гігантські в порівнянні з іншими глибоководними рибами. Дорослі особини можуть досягати 2-метрової довжини і маси близько 20-30 кг. Максимальний зареєстрований вік дорослої риби склав 56 років, але вважають, що гігантський макрурус може прожити ще довше.

Молоді риби зазвичай тримаються недалеко від поверхні, на глибинах 200-500 м. У міру дорослішання гігантський макрурус йде на глибину, опускаючись на 3 500 м і глибше.

Риба має велику голову і змієподібне тіло. Спинний плавець довгий, містить 7-9 променів. На хвості є широкий плавник з 130 променів. Грудні плавники маленькі. На верхній щелепі зуби розташовані в 2 ряди, а на нижній – в один. Луска дрібна, іноді з невеликою кількістю дрібних шипиків. Тіло однотонне – сіро-коричневого кольору. Бічна лінія більш темна і добре помітна.

На жаль, нічого не відомо про фотофори (біолюмінісцентні органи) на тілі гігантського гренадера, характерні для більшості глибоководних риб. Оскільки риба не є «класичною» глибоководною, то, ймовірно, фотофор у неї немає.

Макрурус – хижак. Раціон харчування складають інші риби, молюски, головоногі. У тілі риби так само знаходили черв'яків, крабів, гребневиків і голкошкірих. Характер їжі дозволяє припустити, що риба полює самостійно, а не приманює здобич.

Каракатиця

Каракатиця – головоногий молюск, якого іноді називають «хамелеоном моря» за його здатність маскуватися під форму, фактуру і колір навколишнього середовища. Більш того, таке забарвлення не обов'язково має бути статичним. Вони можуть імітувати динамічні рухи водоростей по своєму тілу, щоб стати непомітними. Або влаштувати «колірне шоу» для приманювання здобичі. Ця можливість різкої зміни кольору ще більш вражає, якщо врахувати, що каракатиці – дальтоніки!

На відміну від своїх родичів – восьминогів і кальмарів, у каракатиці є широка раковина, яка займає всю спину тварини.

Внутрішня раковина каракатиці складається з арагоніту, що утворює так звану «кістку каракатиці», яка відповідає за плавучість молюска. Так само тварина може регулювати свою плавучість співвідношенням газу і рідини всередині цієї кістки. Ця кістка є унікальною у каракатиць і не зустрічається в інших молюсках.

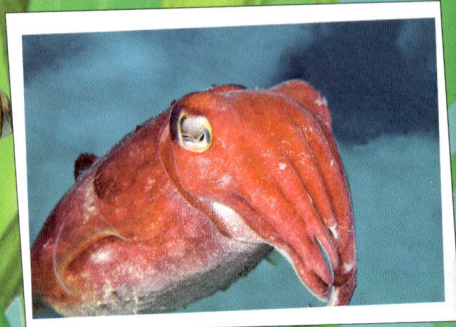

Каракатиця може плавати, полюючи на здобич, але, як правило, вважає за краще знаходитися на дні без руху. Зливаючись із дном, вона підстерігає дрібну рибу, ракоподібних, морських черв'яків і інших дрібних каракатиць. Підкрадаючись до здобичі на близьку відстань, молюск стріляє в жертву своїми щупальцями, кожна з яких має 4 ряди присосок, що дозволяють надійно утримувати здобич. А на присосках є рецептори смаку. Тому каракатиця в буквальному сенсі пробує здобич на смак «руками». Навіть розмноження відбувається за допомогою однієї з «рук», спеціально для цього призначеної. Самець «рукою» переносить статеві клітини в сім'яприймач самки, яка пізніше піде на нерест і загине незабаром після того, як надійно закріпить яйця на мілководді.

38

Чорнило каракатиці здавна використовувалося людьми в якості барвника, який називався сепія. Хоча штучні фарби потіснили чорнило каракатиць, але і в даний час залишаються люди, вірні «природному» темно-коричневому кольору сепія.

Каракатиця мешкає в теплих тропічних і помірних водах. Найчастіше її можна зустріти на невеликих глибинах поблизу узбережжя, але зустрічаються вони і на великих глибинах, понад 600 м. Їх кров насичена білками, що містять мідь, які здатні надовго «консервувати» кисень, не даючи тварині задихнутися на великих глибинах. Завдяки міді кров каракатиці має зелено-синій колір.

В якості захисту від хижаків, як й інші головоногі, каракатиця використовує чорнильний мішок. Випускаючи у воду чорнильну «хмару», тварина намагається швидко втекти від нападника: дельфіна, акули, великої риби і тюленя.

Каракатиця зустрічається в континентальних морях Атлантичного океану. Особливо вподобане нею Середземне море, де вона веде промисел на молюсків з незапам'ятних часів.

У каракатиці три серця! Два серця призначені для перекачування крові каракатиці до великих зябер, а третє серце використовується для циркуляції оксигенованої крові до іншої частини тіла.

Каракатиці мають воістину вражаючий зір. Вони здатні бачити те, що знаходиться у них ззаду. Каракатиці можуть добре бачити в умовах низької освітленості, а також можуть виявляти поляризоване світло, посилюючи його сприйняття. Очі каракатиці дуже великі в пропорції до всього тіла і можуть збільшувати масштаб зображення на сітківку, при цьому W-подібна зіниця допомагає контролювати інтенсивність світла. Крім очей, світлочутливі рецептори є навіть на спині, ймовірно, щоб краще реагувати на колір навколишнього середовища при маскуванні.

У каракатиці є невеликий дзьоб біля основи щупалець, який використовується, щоб розкривати раковини молюсків та панцирі крабів, якими вона харчується.

Самці каракатиць перефарбовуються в самок. Щоб залицятися до самки, не привертаючи конкурентів, хитрі самці каракатиць використовують якийсь особливий камуфляж. На одну половину свого тіла, спрямовану до самки, вони «надягають» барвисте забарвлення, а іншу половину тіла маскують під самок, імітуючи приглушені тони. Якщо самець каракатиці не такий великий і важкий, як інші самці, то він покладається на хитрість і спритність. Такий самець буде «відключати» яскраві кольори, щоб виглядати як самка, і використовувати це маскування, щоб «прокрастися» повз конкурентів.

Рахують каракатиці краще, ніж більшість людських дітей. Дослідженнями Королівського товариства встановлено, що 1-місячна каракатиця може легко відрізнити коробку з чотирма креветками від коробки з п'ятьма креветками. Навпаки, 1-річна дитина може тільки визначити різницю між одним і двома предметами або двома і трьома, але не більше.

Каракатиці по праву вважаються найбільш таємничими з молюсків. За ними дуже важко спостерігати. Тільки на початку 90-х років XX століття з появою нічних відеокамер та іншого високотехнічного обладнання вчені-біологи взялися за їх дослідження. Дивовижні відкриття не змусили довго чекати. Серед безхребетних молюсків вони виявилися майже самими «розумними». Відомий зоолог І. І. Акімушкін назвав їх «приматами моря».

У каракатиць є характер. Ці молюски дуже індивідуально реагують на стресові ситуації. Деякі стають агресивними, інші виявляють панічну реакцію, а треті можуть залишатися абсолютно спокійними.

Вчені з підводної лабораторії в Карибському морі зробили дивовижне відкриття. Виявляється, у молюсків існує виражений потяг до гри. При цьому вони здатні переймати досвід у своїх побратимів. Експерименти показали не тільки те, що ці тварини можуть швидко зрозуміти, за яким м'ячем, червоним або білим, знаходиться захований корм. У сусідньому акваріумі містився їх побратим, який спостерігав за тим, що відбувається. Коли його поставили в ті ж умови, він безпомилково відшукав їжу. Дана властивість досі приписувалася лише «більш розвиненим» хребетним тваринам. Це була маленька сенсація.

Тридакна – гігантський молюск

Гігантський молюск (Tridacna gigas) – найбільший на планеті двостулковий молюск. Його довжина може перевищувати 120 см, а вага – 330 кг.

Цей молюск може жити понад 100 років. Він зустрічається повсюди в Індійському і Тихому океанах. Але за останні 2 століття його чисельність сильно скоротилася. У багатьох областях, де він раніше зустрічався, молюск зник.

Личинки молюска дуже дрібні і парять в товщі води, утворюючи планктон. У міру дорослішання вони осідають на дно і проводять залишок життя в «сидячому» стані. Раковина молюска розростається до такого розміру, що його стулки перестають повністю закриватися. На його тілі знаходять притулок колонії найпростіших одноклітинних водоростей, які підживлюють молюска в процесі своєї життєдіяльності.

Цей молюск, що живе в коралових рифах, знається на мистецтві маскування. Він щільно «сідає» в заростях твердих коралових поліпів, і його яскрава кольорова мантія зливається з рифом.

Гігантський молюск внесений до Книги Рекордів Гіннеса як найбільший двостулковий молюск на Землі. Він дуже швидко росте. Вчені припускають, що такий високий темп росту пов'язаний зі здатністю тварини обробляти рослини і перетворювати їх в своє тіло.

Тридакна харчується, пропускаючи через себе воду. Її основний раціон становлять відфільтровані мінеральні речовини і крихітні частинки іншої їжі. Також вона харчується водоростями, які вирощує у власній хвилястій мантії. До речі, саме ці водорості і надають їй яскравий колір. Величезні розміри молюска стали об'єктом морських легенд. Тварину називали молюском-вбивцею і молюском-людожером. Навіть авторитетні наукові видання наводили нібито достовірні факти поїдання молюском людей. Військово-морські сили США навіть опублікували інструкцію для дайверів, в якій були викладені принципи поведінки людини, що потрапила всередину раковини.

Дюгонь – морська корова

Дюгонь (фр. dugong – морська корова) – рослиноїдний великий морський ссавець, що зустрічається в Індійському океані, в північних водах Австралії. Тварина належить до сімейства сирен, яких часто називають морськими коровами.

Дюгонь – найдрібніший представник сімейства сирен. Довжина їх тіла – до 4 м, вага – 600 кг. Самці виростають більші за самок. Викопні рештки дюгонів датуються віком 50 млн. років. Тоді ці тварини ще мали 4 кінцівки і могли пересуватися сушею, але більшу частину свого життя проводили у воді. Згодом вони повністю втратили здатність виходити на поверхню землі. Їх слабкі плавники не здатні витримати більше 500 кг ваги ссавця.

Дюгоні мешкають в теплих прибережних водах, мілководних бухтах і лагунах. Іноді виходять у відкрите море, заходять у гирла і естуарії річок. Тримаються над глибинами не більше 10-20 м. Велику частину активності складає годування, пов'язане з чергуванням припливів і відпливів, а не зі світловим днем. Годуватися дюгоні припливають на мілководдя, до коралових рифів і мілин, на глибину 1-5 м. Основу їх раціону складають водні рослини, а також морські водорості. У їх шлунках знаходили і дрібних крабів. При годуванні 98% часу проводять під водою, де «пасуться» до 10-15 хвилин, потім піднімаються на поверхню

В середні віки дюгонів представляли необізнаній публіці у вигляді морських русалок. В Японії на о. Фіджі морських корів виловлювали для спеціальних акваріумів, в яких людям пропонувалося подивитися на нібито випадково виловлених русалок.

Сирени – це клас травоїдних ссавців, що живуть у воді, харчуючись водоростями і морською травою в прибережній зоні. У них масивне циліндричне тіло, шкіра товста, зі складками, що нагадує шкіру тюленів. Але, на відміну від останніх, у сирен немає можливості пересуватися сушею, адже в ході еволюції лапи повністю трансформувалися в плавці. Задніх кінцівок і спинних плавців немає.

для вдиху. Дном часто «ходять» на передніх плавниках. Рослинність зривають за допомогою м'язистої верхньої губи. Перед тим, як з'їсти рослину, дюгонь зазвичай прополіскує її у воді, мотаючи головою з одного боку в інший. В день дюгонь споживає до 40 кг рослинності.

Ареал їх проживання безпосередньо залежить від кількості трави і водоростей, які дюгонь споживає в їжу. При нестачі трави тварини не гребують і дрібними донними хребетними. Таку зміну звичок харчування пов'язують з катастрофічним спадом обсягу водної рослинності в деяких областях проживання морських корів. Без цього «додаткового» прикорму дюгоні вимерли б в деяких областях Індійського океану. В даний час чисельність тварин небезпечно маленька.

Тримаються дюгоні поодинці, але над кормовими місцями збираються групами по 3-6 особин. У минулому нараховувалися стада цих тварин до декілька сотень особин. Живуть переважно осіло; деякі популяції здійснюють денні і сезонні переміщення, залежні від коливання рівня води, температури води і доступності їжі, а також антропогенного тиску. Протяжність міграцій за необхідності становить сотні і тисячі кілометрів. Звичайна швидкість плавання – до 10 км/год, але наляканий дюгонь може розвивати швидкість 18 км/год. Молоді дюгоні плавають переважно за допомогою грудних плавників, дорослі – хвоста.

Дюгоні зазвичай мовчазні. Тільки збуджені і налякані, вони видають різкий свист. Дитинчата видають бекаючі крики. Зір у дюгонів розвинений слабо, слух – добре.

Плавці з дюгонів не дуже вправні. Вони пересуваються дном обережно і повільно, поїдаючи рослинність. Морські корови не тільки щипають траву, а й піднімають донний ґрунт і пісок своєї мордою, вишукуючи корінці. Для цих цілей паща дюгонів та язик мозолясті, адже допомагають їм у пережовуванні їжі. У дорослих особин верхні зуби виростають в короткі бивні до 7 см у довжину. З їх допомогою тварина викорчовує траву, залишаючи на дні характерні борозни, за якими можна визначити, що тут паслася морська корова.

Міноги

Міноги – паразитичний вид морських тварин. Мінога (Lamprey) дослівно перекладається як «той, що лиже камінь» через свою здатність присмоктатися до твердих поверхонь. Хоча добре відомі й інші види міног, які мешкають на тілі деяких риб, висмоктуючи з них кров.

Живуть міноги в помірних водах по всьому світовому океану, зустрічаючись в основному в прибережних морських водах або прісноводних річках. Однак подорожі цих тварин далеко у відкрите море – не рідкість. Цим фактом пояснюється відсутність репродуктивної ізоляції австралійської і новозеландської міног.

Тіло тварини довге і вузьке з боків. Виростають міноги до 1 м в довжину. У них відсутні парні плавники на тілі, виділяються великі очі на голові і 7 зябрових отворів з боків. Зовні міноги схожі на морських або прісноводних вугрів, від чого їх іноді ще називають «мінога-вугор».

Зоологи не вважають міног класичними рибами через їх унікальні морфологію і фізіологію. Так, хрящовий скелет міноги свідчить про те, що вона – родичка щелепноротих хребетних. Вони хижаки і, нападаючи на свою здобич, присмоктуються до тіла жертви, використовуючи свої зуби, щоб прокусити шкіру і дістатися до крові.

Всього в природі існує 30 видів міног, більшість з яких живе в прісній воді. Всі, навіть морські види цієї риби, розмножуються тільки в прісноводних річках.

Молодь міноги – личинки-піскорийки. Вони настільки не схожі на дорослих особин, що до 19 ст. їх вважали окремим видом. Ці піскорийки не переносять високу температуру води, тому розмножуються міноги тільки в прохолодних водах.

На людей навіть великі міноги не нападають, хоча випадків помилкових атак було досить. Так, в літературі зустрічається згадка про те, що Юлій Цезар намагався стратити одного раба, кинувши його в ставок з великими міногами. Але всі атаки на людину закінчувалися відразу ж, коли риба (а мінога, строго кажучи, все-таки риба) розуміла, що помилилася і обрана жертва – не риба.

Мінога – риба, відома людині давно. Найстаріша риба була знайдена в морських водах у Північній Америці близько 360 млн. років тому.

Жирне м'ясо міноги при тривалому вживанні може нашкодити здоров'ю людини. Вважається, що король Англії Генріх I помер саме через надмірне поїдання міног.

Камбала

Камбала – загальна назва плоских донних риб, що мешкають переважно в морях Атлантичного океану. Характерною рисою риби є те, що дорослі особини лягають на один бік, внаслідок чого очі зміщуються на верхню частину голови.

Доросла особина камбали впізнається безпомилково – у неї дуже сильна асиметрія тіла. Бік риби, на якому вона проводить все своє доросле життя, блідий і шорсткий. На ньому немає ні плавників, ні очей. Бік, звернений до поверхні, гладкий і замаскований під колір дна. Як правило, верх риби темно-коричневий, але може відрізнятися в залежності від місця проживання.

«Молодь» камбали за зовнішнім виглядом не відрізняється від звичайних риб і плаває вертикально. До дозрівання мальки проходять всі етапи змін, які відбувалися з камбалою протягом тисяч років еволюції – ховаючись від ворогів, камбала пристосувалася лягати на дно, зливаючись з ґрунтом. Одним оком спостерігати за тим, що відбувається зверху, незручно, тому око риби, розташоване на нижньому боці, поступово змістилося нагору, на верхній бік.

Камбала – єдина риба, яка була помічена на дні Маріанської западини. При зануренні на глибину 11 км Жак Пікар звернув увагу на невеликих плоских риб, близько 30 см у довжину, схожих на камбалу.

Пересування риби «по-пластунськи» по дну призвело до грубої шорсткості нижнього боку. На дотик риба з цього боку нагадує дрібний наждачний папір. Її тверда шкіра захищає камбалу від ковзання по гострому камінню і гальці.

Харчується камбала ракоподібними і дрібною рибою, що живе на морському дні. У неї є сильні, добре розвинені зуби. У пошуках їжі камбала намагається не залишати дна, але відомі деякі види, які зустрічаються у високих шарах води під час годування.

Іноді риба, щоб повністю злитися з навколишнім оточенням, закопується в пісок, залишаючи на поверхні тільки очі. Більш того, деякі види камбал навіть мають здатність змінювати свою пігментацію під колір дна, подібно до хамелеона.

Морський півень

Морський півень, або тригла (T. lucema L.) сімейства Triglidae загону окунеподібних. Екзотичний мешканець Чорного моря з оригінальним цегляно-червоним забарвленням. Вражає своєю потворністю і розмірами. Може виростати до 90 см з масою більше 5 кг.

Морський півень має 6 «ніг». Насправді це, звичайно, не повноцінні ноги, а довгі промені, що ростуть з плавників і видозмінилися на пальцеподібні придатки. Вони служать рибі для пересування дном, а також для пошуку їжі в мулі, тому що «ноги» є за сумісництвом і зовнішніми органами смаку.

Раціон харчування складають молюски, ракоподібні, креветки, краби і дрібна риба. Улюблена здобич для морського півня – рибка барабулька. Її він підстерігає в засідці на кордоні трави і відкритого дна. Коли барабулька втрачає обережність, поглинена копирсанням в піску, морський півень відштовхується від дна своїми «ногами» і в один стрибок наздоганяє здобич.

Дивовижна особливість морського півня полягає в тому, що він видає добре чутні звуки. Гучність їх така, що навіть на поверхні моря можна розрізнити характерні хрюкання і бурчання. Вчені жартівливо називають це кукуріканням. Причому звуки півень видає протягом цілого року, а не під час нересту або в шлюбний період, як це буває з іншими мешканцями моря.

Ця риба віддає перевагу полюванню на глибині до 30 м. Там же вона і відпочиває, запливаючи в саму гущавину морської трави.

При заході сонця в теплу погоду, особливо після шторму, морський півень ганяє дрібноту, яка збирається на поверхні. Для пошуку здобичі він може вистрибувати з води і пролітати до 20 м по повітрю. Для планерування риба використовує свої великі зяброві плавники. Швидкість польоту досягає 40 км/год.

Назву свою морський півень отримав не за голос, а за зовнішність. Вона у риби дивовижна. І сплющена морда з виступаючою роздвоєною верхньою губою, і великий лоб, і дві лінії шипів уздовж тіла – все викликає неоднозначну реакцію, але, безсумнівно, привертає інтерес. Особливої ж уваги заслуговують зяброві плавники. У складеному вигляді вони зливаються з тілом, а ось якщо риба настовбурчить їх, то плавники, що розкинулися горизонтально, вразять своїми забарвленням і розміром.

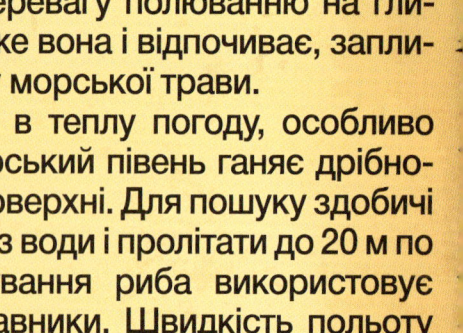

Риба-жаба

Риба-жаба – представник сімейства жабоподібних риб, що мешкає в тропічних і помірних водах світового океану. Має отруйні шипи, тому є потенційно небезпечною для людини.

Риба-жаба так само відома як «потворна жаба». Таке неприємне прізвисько вона отримала за свій огидний вигляд. У риби відсутня луска, але все тіло вкрите наростами і всіяне безліччю отруйних шипів. Ще одна схожість із земноводним – звичка риби закопуватися в м'яке мулисте або піщане дно. На поверхні риба-жаба залишає тільки свої очі, посаджені високо на голові. Такий спосіб маскування характерний для багатьох донних мешканців.

Колір тіла жовтувато-коричневий, зі строкатим малюнком з чорних смуг і плям. Оскільки живе риба на брудному мулистому або піщаному дні, такий камуфляж добре маскує рибу-жабу, не даючи себе виявити дрібній рибі, ракоподібним і молюскам. Риба-жаба атакує здобич, що підпливає, блискавичним стрибком зі свого укриття, застаючи її зненацька.

Виростає риба-жаба до 40 см. Ще одна її особливість – голова, яка має величезні пропорції в порівнянні з тілом. Її паща розкривається дуже широко, що дозволяє заковтувати досить велику здобич.

Риби-жаби – дбайливі батьки. Пара, яка зробила кладку, захищає гніздо доти, доки ікра не вилупиться. Згодом, коли мальки відправляються у вільне плавання, дорослі риби продовжують охороняти своє потомство, поки «молодь» не набереться достатнього досвіду, щоб продовжити самостійне життя.

Риба зовсім не примхлива, всеїдна. При відсутності достатньої кількості основного раціону харчування не гребує і рослинною їжею.

Примітною особливістю риби є її можливість «співати», а точніше, самці можуть видавати характерні скрегіт і бурчання, щоб привернути увагу самок для розмноження. Період нересту триває з квітня по жовтень, і в цей час в місцях її проживання можна почути «жаб'ячий спів». Гучність такого «квакання» може досягати 100 децибел, що можна порівняти з шумом вагона метро. Взагалі 100 децибел – гранично допустима гучність для людського вуха, вище якої з'являються хворобливі відчуття.

Морські їжаки

Морські їжаки – голкошкірі, що з'явилися на Землі близько 500 млн. років тому. Живуть в теплих прибережних водах і на коралових рифах.

Тіло їжака вкрите спеціальними пластинками, які «фіксують» тіло тварини, не дозволяючи м'яким тканинам «розповзатися» по дну. Панцир їжака настільки твердий, що не кожен хижак може його «зламати». Але навіть така броня іноді виявляється недостатньою, і природа нагородила деякі види морських їжаків гострими голками. Вони використовуються не тільки для захисту, а і для пересування тварини морським дном.

Зустрічаються морські їжаки повсюди в солоних водах. Зазвичай селяться недалеко від поверхні, але деякі види мешкають на глибинах до 7 км. Причому їжаки правильної круглої форми («правильні морські їжаки») живуть на кам'яному дні, на підводних скелях, в ущелинах коралових рифів. А «неправильні морські їжаки» віддають перевагу м'якому піщаному дну.

Рот морських їжаків розташований в нижній частині тіла, а анальні і статеві отвори виходять назовні у верхній частині панцира. Рот «правильних їжаків» має жувальний апарат, який перемелює їжу й допомагає тварині повзати дном і навіть рити нори. У «неправильних їжаків» жувального апарату немає. Вони харчуються мертвими організмами і перемелювати їжу їм не потрібно.

Біля рота перебувають зовнішні зябра (як правило, 5 пар). Це головні (і у більшості видів єдині) органи дихання. Деякі їжаки можуть дихати так само через трубні «ноги» або голки, і тоді у тварини взагалі може не бути зябер.

Тварини не мають справжнього мозку, тому й обробляти сигнали від нервових закінчень нічому. Є нервовий центр, що оточує ротовий отвір. Від нього відходять нервові закінчення до ножних відростків і голок.

Морські їжаки відчувають дотики, визначають світло і реагують на хімічний вплив. За відсутності очей (у деяких видів є лише найпростіші очі) нервові закінчення дозволяють їжаку залишатися в правильному вертикальному положенні.
Дорослі морські їжаки захищені від хижаків, але коли їх броню «зламати», то вони стають справжнім делікатесом багатьох морських мешканців.

Оселедцевий король чубатий

Цю довгу пласку рибу, що мешкає в глибинах трьох океанів – Тихого, Індійського і Атлантичного, нерідко приймають за морську змію. І це не дивно – оселедцевий король (лат. Regalecus glesne) здатний вирости завдовжки до 12,5 м і важити близько 270 кг. Тримається оселедцевий король на глибині від 20 до 1 000 м.

Ця риба має довге тіло, що звужується на кінці, з невеликим косим ротом. Вся поверхня тіла вкрита кістковими щитками. Черевні плавці не розвинені й являють собою довгі плоскі промені в формі весла. Колір плавців малиновий або червоний. Голова і тіло сріблясті з блакитними смугами і покриті темними плямами. Плавальний міхур у цієї риби відсутній.

Ремінь-риба веде одиночний спосіб життя, за винятком періоду розмноження. Вони переміщаються у воді хвилеподібними рухами довгого спинного плавника, в той час як тіло залишається в прямому положенні. Якщо потрібна більша швидкість, все його довге тіло починає здійснювати хвилеподібні рухи. Крім того, у оселедцевого короля існує й інший спосіб плавання, який риби використовують для лову здобичі. При цьому вони переміщаються головою вгору, а тіло знаходиться у вертикальному положенні.

Ще одна назва оселедцевого короля – ремінь-риба. Його тулуб настільки тонкий (близько 5 см при середній довжині 3,5 м), що схожий на плаваючий у воді гігантський ремінь. Це найдовша в світі риба.

Ці риби харчуються планктоном, ракоподібними, кальмарами, відціжуючи корм з води спеціальними «граблями», розташованими в ротовій порожнині. Його різкий, злегка увігнутий профіль відповідно до скошеного ротового отвору ідеально пристосований для фільтрації дрібних організмів з води.

Можливо, у оселедцевого короля є здатність завдавати легкий удар електричним струмом. Ці риби мають занадто великі розміри, щоб на них нападали хижаки, проте на них полюють акули.

Вперше ці глибоководні риби були виявлені в 1860 році, коли одну з них прибило до берега біля Бермудських островів.

Незвичайну істоту довжиною близько 5 м місцеві жителі прийняли за морського змія з короною на голові. Ця «корона» – не що інше, як витягнуті в довжину промені спинного плавця. Через таку «прикрасу» і звичку плавати серед косяків оселедця ця риба і отримала свою назву.

Риба-фугу

Риба-фугу, або бурий скалозуб, належить до виду променеперих, родини голкочеревних.

Бурий скалозуб мешкає в субтропічних водах, широко розповсюджений біля узбережжя острова Хоккайдо. Фугу – донна риба, зустрічається на глибині до 100 метрів.

У довжину рибка може досягати 80 см, але її звичайна довжина – 40-50 см. На боках і позаду грудних плавців тіло прикрашене чорними округлими плямами зі світлими обідками.

У цієї риби немає луски, все її тіло вкрите дуже еластичною шкірою з маленькими шипами. Під час небезпеки рибка роздувається і збільшується в розмірах майже в 3 рази. Вона стає схожа на кулю, а шипики перетворюються на гострі колючки. Це можливо завдяки спеціальним мішкам в черевній порожнині, які риба заповнює повітрям або водою. Нападаючий не може схопити рибу і залишає її в спокої. Якщо ж хижак досить великий, щоб захопити роздуту рибу цілком, то гинуть обидва. Нападаючий, бо не може проковтнути гостру кулю – голки чіпляються за глотку, а жертва, тому що не може вибратися із закритої пащі.

У порівнянні з іншими рибами у фугу практично немає кісток, відсутні навіть ребра.

Риба-фугу – справжня легенда японської кухні, і справа не тільки в тому, що її м'ясо дуже смачне, а й в тому, що воно може становити смертельну небезпеку. Майже повністю тіло рибки просякнуте тетродотоксином, який в 1200 разів сильніший ціанистого калію і в 400 разів – отрути кураре, до того ж, не існує жодного препарату для його нейтралізації.

Зір у рибки добрий, а нюх розвинений ще краще, під очима у неї є невеликі щупальця з ніздрями, в яких розташовано безліч рецепторів.

Ці риби досить агресивні. «Молодь» фугу ще збирається в зграї, але дорослі особини живуть завжди на самоті, намагаючись не мати близького сусідства з родичами. Вони ревниво ставляться до своєї території, годинами курсуючи по ній в пошуках здобичі. Помітивши загрозу своєму суверенітету, риба без роздумів атакує. Ніби чуючи свою безкарність, вона кидається і на риб, що перевершують її за розміром.

Риба фугу також має чотири зуба, які зливаються в дзьобоподібну структуру. Вони використовують свої зуби для відкриття раковин мідій, устриць і молюсків. Риби фугу також їдять водорості і різні типи черв'яків і ракоподібних.

Існує зв'язок між забарвленням тіла і кількістю отрути, що виробляється рибою (яскраві кольори часто пов'язані з великою кількістю отрути в рибі).

Деякі види переходять з морської в солонувату або прісну воду протягом сезону розмноження. Незважаючи на те, що кількість цих риб стійка в дикій природі, вони уразливі через вилов, забруднення океану і втрати природних середовищ існування.

В середньому фугу досягає статевої зрілості у віці п'яти років. Чоловіча особина веде самок до мілководдя, де самка буде випускати зазвичай від трьох до семи тисяч ікринок, які потім запліднюються сім'яною рідиною самця.

Акули – єдині тварини, на яких не діє отрута риби-фугу. Вони можуть з'їсти отруйну рибу без будь-яких наслідків для здоров'я.

Молоду рибу захищає тверда шкаралупа яєць, яка тріскається, як тільки вони готові вилупитися. Вийшовши з яйця, молоді рибки пливуть до рифів.

Незважаючи на те, що деякі дитинчата фугу не помітні без збільшувального скла, їх форма тіла нагадує форму дорослих тварин.

Щоб отримати дозвіл на приготування риби фугу, кулінарові потрібно отримати ліцензію, вона зобов'язує майстра не тільки пройти навчання, а й з'їсти приготовану ним страву.

Не так давно науковий світ вразили знімки красивих правильної геометричної форми кіл на піщаному дні. Виявляється, що це справа плавників невеликих рибок фугу. Японському фотографу вдалося зняти самця «за роботою». Протягом дня і ночі він невпинно плавав по дну, створюючи грудним плавником візерунки. І всі ці старання потрібні тільки для того, щоб привабити самку.

Самка вибере собі «кавалера» з найскладнішим візерунком, а після спарювання залишить яйця в самому його центрі. Вибір кола – це не примха, якщо воно зроблено правильно, то не дасть течії забрати залишену в середині ікру.

Фугу – дивовижна рибка, яка може плавати хвостом вперед.

Риба-ангел

До групи риб-ангелів належить сім родів (Pomacanthus, Centropyge і інші). Деякі з них (наприклад, помаканти) досягають досить великої довжини, до 60 см. Інші не відрізняються за величиною від риб-метеликів.

Свою назву риби-ангели отримали через форму плавників, які дуже схожі на крила ангела, а коли риба пливе вниз, то і її силует нагадує ангела. Риби-ангели живуть, як правило, парами або в невеликих гаремних групах, що складаються з одного самця і кількох самок. На рифах у них чіткі ареали мешкання, які вони обороняють від суперників. Відносно родичів-суперників риби-ангели діють енергійно і агресивно. Представники роду помаканти видають при цьому гучні клацаючі звуки.

Тіло риби сплощене, а велика голова і хвіст – короткі, тому сама риба нагадує паралелепіпед. На зовнішній частині зябрової кришки є шип, вістря якого спрямоване назад. Грудні плавники загострені, а черевні знаходяться зовсім поруч з грудними, зазвичай трохи попереду або прямо під ними, спинний і анальний плавник дуже великі, не мають гострих променів. Через проживання в тропічних морях всі риби цього сімейства мають яскраве, колоритне забарвлення, яке може приймати вид смуг або сіточки, пофарбованої блакитним, синім, жовтим, помаранчевим і

Риба-ангел любить тепло, тому живе тільки в тропічному кліматі, причому в морях, в основному на мілководді – до 50 м вглиб. Якщо ця риба займе невелику ділянку на кораловому рифі, вона не тільки стане її власністю, а й буде ретельно охоронятися нею.

Сотні різновидів риби-ангела всіх кольорів веселки живуть по всьому світу. У деяких видів риб-ангелів дуже великий рот. Коли така риба пропливає над коралом, вона відкриває рот і всмоктує їжу, як пилосос.

У прісноводних риб-ангелів є свої особливості. Самка метає ікринки (до 1 000 одноразово), які запліднює самець. Після нересту турботливі батьки ділять обов'язки, обмахують потомство хвостами, забезпечуючи приплив свіжої води. Якщо одна особина в парі гине, у другої вже ніколи не буде потомства.

Зараз налічується 85 різновидів цих риб. Найближчим родичем риби-ангела є риба-метелик, через схожість зовнішньої будови раніше вважалося, що вони належать до одного сімейства. Однак риба-ангел більша за рибу-метелика.

чорним кольорами. Також у морських ангелів є сильні розбіжності в зовнішньому вигляді молодих рибок і риб, які досягли статевої зрілості, спочатку їх навіть вважали різними видами.

🐚 Сімейство риб-ангелів налічує безліч видів, всі вони мають унікальний зовнішній вигляд і яскраве забарвлення.

🐚 З віком змінюється не тільки колір, а й стать: молоді самки з часом перетворюються на самців. Для риб-ангелів характерне домінування самця, що захищає свою територію (від декількох квадратних метрів до тисячі, залежно від виду), на якій, як правило, проживають від 2 до 5 самок. Якщо самець зникає, найбільша і домінуюча самка займає його місце, змінивши свою стать.

🐚 Раціон риб-ангелів, в залежності від виду, включає величезну кількість різноманітних рослин і тваринних організмів. Деякі представники сімейства, особливо в юному віці, час від часу можуть перетворюватися на чистильників, позбавляючи інших риб від паразитів.

Плоске тіло риби-ангела допомагає їй ховатися від хижаків у коралах. Смуги також служать для захисту: завдяки їм голова риби-ангела потрапляє в поле зору хижака в останню чергу.

🐚 Як правило, ці рибки живуть маленькими зграйками (в основному не більше 6 риб), причому активні вдень, а ночами мирно дрімають в зручних укриттях. Вони дуже спокійні: бачачи дайвера, риба-ангел лякається і не спливає, та й особливого інтересу до людини теж не проявляє.

🐚 Раціон риби-ангела – від звичайних багатоклітинних морських рослин до безхребетних невеликих розмірів. Але у кожного виду риби-ангела є свій улюблений тип їжі.

🐚 Види розмноження залежать від конкретного виду риби-ангела: деякі утворюють пари, а інколи самець має декілька самок.

🐚 Часто цих рибок заводять в акваріумах через зовнішню привабливість.

🐚 Результатом процесу розмноження є ікра, яку і метають рибки.

Крилатка або риба-зебра

Крилатка або риба-зебра – із сімейства скорпенових, що мешкає в тропічних водах Тихого та Індійського океанів. Один з найяскравіших представників тваринного світу коралових рифів.

У водах Червоного моря водиться чимало різноманітних крилаток – від африканської до радіальної.

Завдяки своїм надзвичайно довгим плавникам ці риби завжди викликають фурор. Але у такого яскравого зовнішнього вигляду є цілком практичне пояснення. Незвичайна форма і строкате забарвлення служать попередженням для морських хижаків і аквалангістів – довгі спинні промені цієї риби отруйні. Крилатка і сама любить полювати – і робить це дуже майстерно. Найчастіше ці смугасті хижаки полюють зграйками, заганяючи свою здобич і не залишаючи їй ні найменшого шансу. Надзвичайна небезпека отруйних променів крилатки робить її одним з найстрашніших мешканців морських вод. До того ж риба мешкає зазвичай на мальовничих коралових рифах, які традиційно є улюбленим місцем занурення дайверів. Недосвідчена людина обов'язково буде вколота, якщо спробує погладити крилатку.

Крилатка отримала своє прізвисько за великі грудні плавці, які розвинені настільки добре, що їх великий розмір надає їм схожість з крилами птахів. Тіло риби вкрите великою кількістю довгих, гострих і отруйних променів. Водночас її забарвлення нагадує смуги зебри, звідки походить неофіційна назва крилатки – риба-зебра.

Однак крилатка – риба досить пасивна. Велику частину часу вона проводить без руху, лежачи черевцем на дні або забравшись в ущелину. Виходить на полювання вона тільки в нічний час. Свою жертву вона всмоктує разом з водою в пащу, коли та наближається досить близько до хижака. Серед яскравих фарб коралового рифу крилатка схожа на гарний кущик, який обов'язково хочуть досліджувати дрібні рибки, креветки або молюски.

Ворогів у крилатки на рифі небагато. Тільки в шлунках великих груперів були знайдені залишки цієї риби. Велику небезпеку для неї становить людина.

Риба-крапля

Риба-крапля (Blobfish) – глибоководна риба, що мешкає в глибоких водах поблизу Австралії і Тасманії. Дуже рідко зустрічається.

Зовнішній вигляд цієї дивної і надзвичайно цікавої риби досить химерний. На передній частині морди риби знаходиться відросток, який нагадує великий ніс. Очі маленькі і посаджені біля «носа» таким чином, що це створює зовнішню схожість із людським обличчям. Рот досить великий, його куточки спрямовані вниз, тому морда риби-краплі завжди має сумний вираз. Саме завдяки своєму виразному «обличчю» риба-крапля міцно тримає перше місце в рейтингу найбільш дивних морських істот.

Тіло риби являє собою рідку субстанцію з щільністю менше ніж у води. Це дозволяє рибі-краплі «літати» над дном, не витрачаючи на плавання енергію. Відсутність у неї м'язів не заважає полювати на дрібних ракоподібних і безхребетних. У пошуках їжі риба ширяє над океанічним дном з відкритою пащею, в яку набивається корм, або нерухомо лежить на ґрунті, сподіваючись, що рідкісні безхребетні самі запливуть до неї в рот.

Риба-крапля має ще одну досить цікаву особливість – вона відкладає ікру прямо на дно, але не покидає свою кладку, а лягає на ікринки і «висиджує» їх доти, доки з них не вийде молодняк. Таке розмноження не характерне для глибоководних риб, які відкладають ікру, що піднімається до поверхні і змішується з планктоном. Інші глибоководні, як правило, спускаються на велику глибину тільки в статевозрілому віці і залишаються там до кінця життя.

Виростає доросла риба до 30 см. Тримається вона на глибинах 800 – 1 500 м.

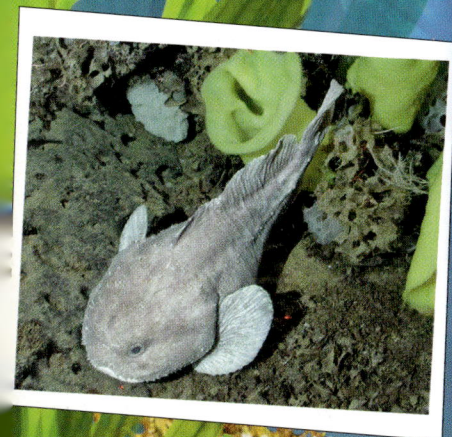

Риба-крапля вивчена слабо. Хоча вона і відома вже досить давно в Австралії як «Australian scalpin» (Австралійський бичок), докладних відомостей про її життя дуже мало. Інтерес до риби збільшився останнім часом через те, що вона стала все частіше потрапляти в тралові мережі, пристосовані для видобутку глибоководних крабів і омарів. Біологи стверджують, що тралення може істотно скоротити популяцію риби-краплі.

Риба-крокодил

Риба-крокодил – донна риба, що відлякує своїм зовнішнім виглядом. Свою назву отримала за схожість з відомою рептилією.

Риба-крокодил дійсно схожа на крокодила. Тільки розміром поменше. Вона виростає до 50 см. Своє захисне плямисте забарвлення риба використовує для маскування на дні. Тіло риби зеленого або сірого кольору і залежить від конкретного місця проживання. Молоді особини темного забарвлення. Поки риба не досягла того віку, коли засідне полювання стає основним джерелом прожитку, вона не сильно дбає про маскування і харчується планктоном і дрібними ракоподібними. Згодом риба стає великою і неповороткою, вважаючи за краще чекати здобич, лежачи на дні.

Мешкає риба на м'якому піщаному або глиняному дні. Часто зустрічається на кораловому рифі. Одне з найвідоміших місць проживання риби-крокодила – Червоне море. Так само зустрічається на Великому бар'єрному рифі, біля берегів Філіппін, Індонезії, островів західної частини Тихого океану.

Вченим мало відомо про цю рибу. Зустрічають її на глибині до 12 м. З часом риба обростає твердими шипиками і наростами, які допомагають тварині маскуватися й виконують захисні функції. Природних ворогів у риби небагато.

Про розмноження риби-крокодила нічого не відомо. Вся інформація отримана зі спостережень за твариною. Відомо, що раціон харчування складають дрібні риби, які можуть пролізти хоч і в широку, але не високу пащу. Так само вона харчується головоногими, ракоподібними і щетинистими хробаками. Хижак, але не полює, а терпляче вичікує здобич біля розпадин підводних скель і на кордоні мангрових заростей.

Бачите тут рибу-крокодила? А вона тут є! Велику частину часу риба-крокодил проводить нерухомо на дні і активні хижаки просто не бачать її. Навіть бічна лінія не завжди здатна вловити рух цього хижака.

Риба-лоцман

Риба-лоцман – м'ясоїдна риба, що живе разом з акулами в теплих тропічних водах світового океану. Вона не є небезпечною для людини і навіть має смачне м'ясо, але ловиться рідко через небезпечного сусіда.

З рибою-лоцманом пов'язане дуже цікаве поняття – коменсалізм. Це такий спосіб співіснування двох різних видів тварин. Причому від цього союзу користь отримує лише одна сторона. В даному випадку риба-лоцман. Акула ж від цього спільного існування нічого не набуває, але і не втрачає. У природі коменсалізм зустрічається досить часто, але союз акул і риб-лоцманів дуже наочний, і його постійно беруть за приклад, описуючи це явище.

Риба-лоцман живе поблизу акул, скатів і морських черепах. Вона поїдає ектопаразитів з їх шкіри. Дрібні види цієї риби можуть триматися поруч з медузами і островами дрейфуючих водоростей.

Найбільші лоцмани, які зустрічалися людині, досягали 70 см у довжину. Колір варіюється від темно-синього до сріблястого. Черевце завжди світліше. При збудженні риба здатна злегка змінювати колір, «залишаючи» на спині три великих смуги. Решта смужок зливаються з тілом.

Найчастіше лоцманів спостерігають поруч з океанічною білоперою акулою. Причому зв'язок їх настільки сильний, що обріс байками. Так, наприклад, морські рибалки говорили, що після вилову акули риби-лоцмани ще довгий час кружляють навколо судна, ніби шукаючи свою сусідку. Хоча достовірність цих оповідань сумнівна, але факт того, що акули не харчуються рибами-лоцманами, вже загальновизнаний серед біологів.

Відомі випадки, коли риби-лоцмани слідували за морськими суднами, причому на досить великі відстані. Ця прихильність до суден відома давно – стародавні моряки вважали добрим знаком, коли риби-лоцмани оточували їх кораблі. На їхню думку, риби допомагали в навігації судна за бажаним курсом.
За словами Германа Мелвілла, американського письменника і моряка, автора роману «Мобі Дік», вони (риби-лоцмани) не мають ніякого страху перед акулами і запросто можуть «ритися» в їх жахливих зубах у пошуках їжі.

Риба-хірург

Риби-хірурги – морські риби, що живуть на коралових рифах. В природі існує 80 видів. Різні види риб-хірургів мають індивідуальні особливості характеру, не всі різновиди мають мирну і лагідну вдачу. Найбільш спокійними є блакитний і білогрудий хірурги.

Риби-хірурги ведуть денний спосіб життя, зустрічаються поодинці, зграйками і навіть великими скупченнями.

Відмітною особливістю риб-хірургів є гострі шипи, розташовані вгорі і внизу хвостового плавника. За такий гострий хвіст рибу іноді називають «рибою-скальпелем». Ці небезпечні як бритва шипи тварина використовує як знаряддя самооборони. Ця риба не боїться людини і може атакувати її. Уколи їх шипів досить болючі.

Тіло риб-хірургів невисоке, очі виразні і великі. Рот маленький і призначений для обскубування рослин і водоростей, які складають основний раціон. При нестачі рослинної їжі можуть додатково харчуватися тваринним планктоном.

У більшості видів добре розвинений інстинкт охорони своєї території. Він проявляється ще в статевонезрілому віці, коли риба не дає наближатися конкурентам до «своєї» їжі. Так само у деяких видів спостерігається ситуація, коли один сильний самець «курирує» території відразу кількох самок, що розмістилися поблизу.

При відсутності достатньої кількості їжі або при великій конкуренції риби-хірурги можуть збиратися у великі зграї для спільного полювання. Такі «вилазки» по їжу можуть збирати до декількох тисяч риб, а після годування вони знову «розходяться» по своїх затишних місцях. Тривалі за часом зграї збираються лише в період розмноження.

Більшість видів цього сімейства виростає в довжину не більше 40 см, і тільки «хірург-ніс» може виростати до 1 м. В основному ж зустрічаються риби 15-18 см. Значне поширення серед акваріумістів ці риби отримали завдяки своєму гарному забарвленню при досить незначних розмірах.

Саргасовий морський клоун

Саргасовий морський клоун – дивовижна риба, що живе біля поверхні води в густих заростях водоростей саргасума. Вона мешкає в теплих водах Індійського і Тихого океанів. Природно, що найчастіше її можна зустріти в знаменитому Саргасовому морі. Так само велика популяція поблизу Галапагоських островів і Гаваїв.

Саргасовий вудильник вистежує свою здобич серед заплутаних водоростей, надійно маскуючись природним камуфляжем, який робить його майже непомітним в густій траві. Пробираючись крізь рослини за допомогою своїх довгих плавників-крил, клоун нападає несподівано і різко. Він може здійснювати дуже різкі короткочасні ривки, наздоганяючи свою жертву в частки секунди. Розкрита паща дозволяє захоплювати здобич, яка дорівнює розмірам самого хижака.

Виростає ця риба до 15-20 см у довжину. Тіло вкрите безліччю наростів, які роблять тварину схожою на плаваючу рослину. Шкіра, на відміну від інших вудильників, гладка. Може легко змінювати колір власного тіла від світлого до темного і навпаки. Плавці мають кілька темних ліній, які ще більше маскують хижака.

Через свій невеликий розмір та через те, що мешкає він недалеко від поверхні, саргасовий клоун сам стає об'єктом полювання інших великих риб та морських птахів. При загрозі може високо вистрибувати з води і приземлятися на щільний наст водоростей, щоб перечекати напад хижака. Без води може обходитися кілька хвилин, що дозволяє йому «замести сліди» і сховатися від ворогів.

Саргасовий морський клоун має безліч назв, адже його зовнішній вигляд дозволяє розгулятися фантазії. Його називають саргасовою рибою, саргасовим вудильником або саргасовим клоуном, морським чортом і морською трав'яною рибою. Іноді назви риби перетинаються з назвами інших риб, тому вчені використовують слово «Саргасум» для ідентифікації тварини.

Скорпени

Скорпени – сімейство риб, що мешкають в тропічних водах світового океану. Це небезпечні і страшні на вигляд риби, покриті отруйними шипами, що розташовані на спині і в плавцях.

Сімейство скорпенових включає в себе більше 380 видів, найвідомішим з яких є крилатка або риба-зебра. Більшість видів є донними рибами, що населяють мілководдя. Однак зустрічаються скорпени, що мешкають на глибинах понад 2 км. Тіло риб цього сімейства щільне, кремезне, голова велика, а тіло хаотично вкрите плямами або смугами. Колір широко варіюється від чорно-білого до темно-коричневого і залежить від середовища проживання, повторюючи забарвлення дна. У деяких видів грудні плавці добре розвинені і яскраво пофарбовані з метою попередити потенційних хижаків про небезпеку нападу.

Всі скорпени – досить миролюбні риби, які використовують свої отруйні шипи тільки в цілях самооборони. Помітивши загрозу, що наближається, вони прагнуть якомога швидше ретируватися в надійний притулок. Опинившись затиснутими з усіх боків, скорпени виставляють промені в сторону нападаючого, намагаючись вразити його отрутою.

Для людини укол скорпени не смертельний, але викликає пекучий біль, який може тривати кілька днів. Слиз деяких видів риб так само містить в собі отруту, тому, потрапивши на відкриту рану, викликає сильне подразнення. Мертві скорпени так само небезпечні – їх отруйні залози продовжують виробляти отруту навіть після смерті риби.

Деякі види скорпен скидають стару шкіру подібно до сухопутної змії. Відмерла луска сповзає з неї панчохою.

Щелепи риби сильні, але використовуються вони не для розкусування твердих панцирів раків або утримування здобичі в пащі, а для всмоктування води разом із жертвою в рот. Ці риби досить пасивні, вважають за краще влаштовувати засідки на дрібну рибу, ніж ганятися за нею. У темний час доби деякі скорпени відправляються на полювання, підкрадаючись до дрібноти, що відпочиває вночі. Раціон харчування становлять не тільки риби, але і дрібні ракоподібні та креветки.

Морський вугор

Морський вугор або конгер – велика риба сімейства вугрових, що мешкає в північній Атлантиці. Виростає до 3 м у довжину, досягаючи маси 110 кг.

Від річкового вугра морський вугор відрізняється більш довгим спинним плавцем, що починається майже відразу за грудними плавниками. Його довге голе змієподібне тіло забарвлене в сірий, бурий, іноді зовсім в чорний колір.

Як і всі інші вугри, європейський морський вугор дає потомство тільки один раз у житті, на глибині до 3 км. Потім він гине, залишаючи після себе 6-8 млн. личинок. Розвинувшись, вони піднімаються до поверхні води, де годуються зоопланктоном. Згодом, у міру дорослішання, риба спускається в більш глибокі холодні води.

Морський вугор – ненажерливий хижак, що харчується в основному дрібною рибою. Улюблені місця проживання морського вугра – на глибині 500 м у каменях і скелях. Зачаївшись десь в ущелині або в підводному гроті, він спокійно підстерігає свою здобич. Іноді, подібно річковому вугру, риє собі нірку в піщаному дні.

Великий рот вугра розташований на кінці рила і має товсті губи. Добре розвинені зовнішні зуби утворюють ріжучий ряд. Вони досить потужні й з легкістю дроблять раковини молюсків.

Недосвідченій людині морський вугор і мурена здаються однією твариною. Обидві риби темно-сірого або чорного кольору, шкіра не має луски, живуть на дні, полюють вночі і не ганяються за своєю здобиччю, а нападають на неї з укриття або з піщаних нір, що надає їм схожість зі зміями. Але це зовсім різні тварини.

Досягаючи статевої зрілості, вугор спускається в непроглядну темряву для єдиного в своєму житті розмноження. Достатніх даних про цей період життя немає.

Під морськими вуграми зазвичай розуміють 14 видів риб з роду конгер. Хоча відмінності між ними не істотні, але все-таки є. В основному вони розрізняються ареалом проживання. Північні види більші, наприклад, європейський морський вугор може досягати у вазі 110 кг. В Австралії та Новій Зеландії мешкають вугри, які рідко виростають до 1 м і маси 30 кг.

Морські зірки

Морські зірки – зіркоподібні безхребетні донні морські тварини, що зустрічаються у всіх океанах світу. Вони з'явилися на нашій планеті майже 500 млн. років тому. Описано 1800 видів морських зірок.

Морські зірки живуть і в теплих водах Тихого і Індійського океану, і в холодних водах Атлантичного і Північного Льодовитого океану. Більшість видів зустрічається недалеко від поверхні води. Зіркам доступні практично будь-які глибини океану. Їх виявляли навіть у Маріїнському глибоководному жолобі.

Однак зірки погано переносять знижену солоність води і втрачають здатність до розмноження.

Морські зірки, як і всі голкошкірі, високоорганізованні тварини. У них є нервова і кровоносна система, шлунок, очі, що визначають ступінь яскравості кольору. Крім того, морські зірки можуть відчувати світло всією шкірою.

Морські зірки – двосторонні симетричні тварини. Більшість видів має п'ять, рідше шість променів, що виходять з центрального диска. Деякі види можуть похвалитися 10-15 променями (рекордом є 50 променів). Хоча велика кількість не є якимось унікальним випадком, але, як правило, пов'язана з аномальним розвитком. Довжина тіла може досягати 1 м, а найбільш характерний розмір 15-25 см. Рот розташований на внутрішній частині центрального диска. Анальний отвір так само розташований на центральному диску, але на зовнішній стороні. На променях знаходяться статеві органи і травні вирости шлунка. Деякі види морських зірок мають яскраве забарвлення. Тіло може бути абсолютно

Єдина відома отруйна морська зірка – так званий «терновий вінець» (Acanthaster planci). Її промені мають великі отруйні шипи. Терновий вінець – багатопроменева морська зірка – набагато більша, ніж морський їжак, якого вона нагадує. Цей представник морської фауни, що живе в коралових рифах, досягає 30 см у діаметрі. У нього близько 20 променів і безліч шипів, якими він запросто може вжалити людину. Терновий вінець харчується поліпами рифоутворюючих коралів.

гладким або шорстким, покритим виростами, голками і гребенями. Всі види дуже чутливі до наявності розчиненого у воді кисню і мають зябра.

Раціон харчування морських зірок дуже різноманітний. Оскільки пересуваються тварини повільно, то основною їх здобиччю є двостулкові молюски, раки, краби, равлики, морські їжаки. Не гидують вони й падаллю. Рідше нападають на необережних дрібних риб, які наблизилися близько до ротового отвору. Повзаючи дном, морська зірка може знайти здобич, яка сховалася в ґрунті, і дістатися до неї, викопавши яму на дні.

Процес поїдання дуже цікавий. Морська зірка вивертає з себе свій шлунок і обволікає їм м'які тканини жертви. Виділяючи спеціальні травні ферменти, вона перетравлює здобич не всередині себе, а зовні. Шлунок морської зірки дуже рухливий і може протиснутися в щілину шириною всього 0,1 мм. Двостулковому молюскові, який потрапив в «обійми» морської зірки, досить лише трохи відкрити свої стулки, щоб шлунок хижака протиснувся і роз'їв його м'язи. Залежно від спійманої здобичі потрібно до 8 годин на перетравлення.

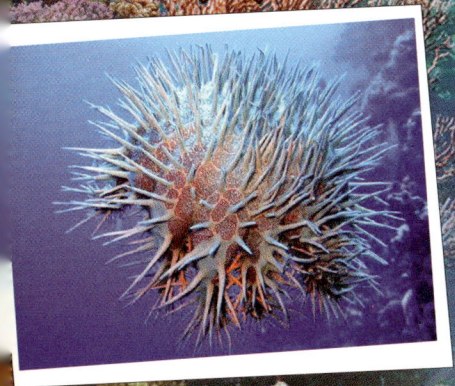

Цікава особливість морської зірки – регенерація втрачених променів або частини центрального диска. Було встановлено, що морська зірка здатна відростити втрачені частини тіла, якщо є хоча б 1/5 її диска і один здоровий промінь. Деякі види навіть розмножуються подібним чином – ділячись навпіл. Зустрічаються і зовсім унікальні випадки, коли спеціально відкинута нога тварини цілком відновлювала своє тіло.

Статеве розмноження так само зустрічається. В цьому випадку чоловічі і жіночі особини викидають у воду яйця і сперматозоїди, де і здійснюється запліднення. Одна самка може бути матір'ю 2,5 млн. личинок, але розмноження відбувається лише раз на рік. Спочатку личинки змішуються з планктоном, а в міру дорослішання осідають на дно, але деякі види морських зірок виношують яйця під власним тілом або навіть у шлунку.

Кровоносна система морської зірки більше схожа на лімфатичну систему хребетних тварин. Справжньої крові у зірок немає, її роль виконує так звана кровоносна рідина, що доставляє живильні речовини з кільцевих і радіальних каналів до різних ділянок тіла. М'язова система включає в себе кільцевий канал, що оточує рот і радіальні канали – в кожному промені по одному.

Піраньї

Піраньї – хижі тропічні рибки, що живуть в прісних річках Центральної Америки, в основному в Амазонці. На сьогоднішній день піраній налічується близько 50 видів. Розмір риби коливається в межах 20-50 см. А вага найбільших представників виду, як правило, не перевищує 1 кг.

Тіло піраньї помітно сплюснуте з боків і покрите дрібною блискучою лускою сріблястого або темно-сірого кольору з блискітками. Деякі види мають виключно чорне забарвлення з помаранчевим, жовтим або червоним черевцем.

Піраньї прославилися своїми гострими зубами, нетиповими для інших видів риб, розміром від 15 до 40 см. Верхні і нижні зуби, зближуючись, не залишають просвіту між рядами. Тому риби за секунду відгризають від жертви шматок м'яса, проковтують і нападають заново.

Якщо порівняти силу укусу піраньї (з урахуванням розмірів її тіла) з будь-якою іншою твариною або рибою, то укус піраньї вважається найбільш сильним з усіх тварин, що населяють Землю, навіть сильніший, ніж у динозаврів.

Агресивність піраній залежить від багатьох факторів: температури, пори року, припливів і відливів. Якщо, наприклад, тушу тварини опустити в воду під час припливу, вона безперешкодно опуститься на дно, де і залишиться лежати. Але якщо кинути в річку корову під час відливу, то піраньям вистачить кількох хвилин, щоб залишити від неї одні кістки.

Опинившись в одній воді з піраньями, також не варто провокувати їх на напад. Буквально крапля крові зможе залучити риб, які до цього перебували за сотні метрів.

Той факт, що піраньї нападають на все що рухається, незалежно від розмірів, не можна назвати правдою. У цих риб повно природних ворогів: каймани, річкові дельфіни, великі водяні черепахи, більш великі хижі риби і, звичайно, людина.

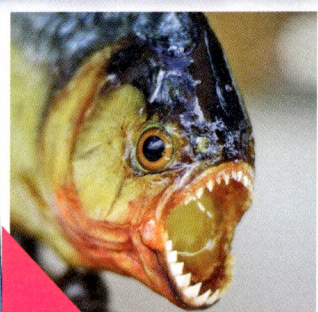

Назву піраньям дали індіанці, склавши його з двох слів: «пера» – риба і «раньян» – пила. Правда, за іншою версією воно перекладається як «зубастий демон». Але в будь-якому випадку, рибки сповна виправдали обидва своїх прізвиська.

Зграя піраній може за кілька хвилин обгризти тварину вагою близько півтонни, але ці риби ніколи не нападуть, якщо вони ситі. До речі, крім м'яса, в їх раціон обов'язково входять і водорості.

Скорочуючи свій плавальний міхур, піраньї можуть видавати як мінімум три різних звуки: один нагадує бурчання, інший – барабанний бій, третій – каркання. Смисл цієї «мови» зводиться до залякування.

Пастухам, які переганяють стада через річки, де водяться піраньї, доводиться віддавати одну з тварин. І поки хижачки розправляються з жертвою, в стороні від цього місця все стадо благополучно переправляється на інший берег. Дикі звірі виявилися не менш кмітливими, ніж люди. Щоб напитися води або перебратися через річку, де водяться піраньї, вони починають привертати увагу хижачок шумом або плескотом води. І коли піраньї зграєю спрямовуються на шум, звірі берегом перебираються в безпечне місце, там швидко п'ють або перетинають річку.

Хижі піраньї – канібали і поїдають своїх більш слабких або травмованих побратимів.

Піраньї – санітари річок і мають величезне значення для екосистеми. Вони очищають водойму від померлих, хворих і слабких тварин. Щоразу під час повені різні епідемії помітно скорочували б місцеве населення Амазонії, якби не маленька риба, яка очищає воду.

Незважаючи на те, що піраньї вважаються найбільш агресивними хижаками в світі, вони в той же час дуже полохливі. Тільки життя в зграї робить їх сильними і небезпечними. Поодинці або навіть в невеликих групах піраньї швидше будуть рятуватися втечею, ніж нападати.

У представників піранієвих дуже розвинений нюх – запах крові вони чують за кілька десятків метрів.

Піраньї, як виявилося, – корисні створіння. Вони очищають річки від падалі, хворих і слабких тварин. Та й харчуються не тільки м'ясом. Деяку частину їх раціону складають водорості.

При пересуванні *Scotoplanes Globosa* рухає не самими ногами, а порожниною, на якій ростуть ніжки. Ця порожнина наповнена водою. Рот забезпечений десятком щупалець, які підбирають дрібні організми з дна і засовують їх у пащу.

Скотопланес — морська свиня

Scotoplanes Globosa – морська безхребетна тварина з роду глибоководних голотурій. Іноді її називають морською свинею через характерну форму тіла і неприємну зовнішність.

Scotoplanes Globosa – глибоководні мешканці океану. Вони зустрічаються на глибинах від 1 км і нижче. Їх зовнішній вигляд залежить від місця проживання. Дрібні види, що мешкають ближче до поверхні, мають темну шкіру з поздовжніми кольоровими смугами. Більш глибоководні види мають безбарвну прозору шкіру, оскільки живуть в темряві без світла. Залежно від виду морська свиня має 6 або більше пар ніг, що являють собою трубчасті нарости на череві.

Крім донних організмів, ці тварини харчуються падаллю. Вони володіють хорошим нюхом, що дозволяє виявляти здобич, що розкладається, в повній темряві. Глибоководні апарати фіксували тисячі морських свиней, що пожирають тушу мертвого кита.

Про цю тварину відомо дуже мало. Інформація, зібрана глибоководним роботом на глибині 3,7 км, показала, що морські свині (не плутати з ссавцем морською свинею) можуть здійснювати значні подорожі, об'єднуючись у групи. Кількість особин в такій групі може бути різна і залежить від виду Scotoplanes Globosa.

Про розмноження цих тварин вчені судять за дослідженнями морських огірків (морська свиня – вид морських огірків). Статевий диморфізм не характерний, і для визначення статі потрібно тканини тварини розглядати під мікроскопом.

Scotoplanes Globosa була одним з перших живих організмів, які поставили під сумнів постулат про те, що на глибині понад 1,8 км життя немає. Ця теорія про «мертву зону», нижче якої не виживає жоден організм, була популярна в середині 19 ст. У 1875 р. один з видів морської свині був спійманий в Північному Льодовитому океані під час шведської експедиції на Єнісей.

Скотопланес – досить поширені тварини. Серед усіх глибоководних мешканців вони становлять 95% від загальної маси живих істот і складають основний раціон харчування глибоководних риб.

Морська свиня

Морська свиня – морський ссавець ряду китоподібних, що виростає до 1,6 м у довжину. Мешкає в теплих водах світового океану.

Звичайні та безпері морські свині мешкають у бухтах, естуаріях і інших прибережних морських водах. Білокрилі морські свині, навпаки, живуть у відкритому морі і належать до найбільш швидких плавців серед китоподібних. Часто, рухаючись біля самої поверхні води, вони залишають за собою шлейф піни. Хоча кормовий раціон залежить від виду, харчуються морські свині переважно кальмарами, рибою і креветками.

За зовнішнім виглядом і будовою скелета вони дуже схожі на дельфінів: у них рибоподібне тіло з горизонтальними хвостовими плавниками і перетвореними на грудні плавці передніми кінцівками. Головними відмінностями служать відсутність вираженого «дзьоба» і стислі з боків зуби з лопатоподібними або долотоподібними коронками. Якщо є спинний плавник, то він низький, трикутний, з маленькими горбками по передньому краю – рудиментами панцира далеких предків.

Язик не повертається називати цих створінь свиньми. Це симпатичні тварини, що більше нагадують дельфінів, ніж брудних сухопутних свиней. Рівень їх інтелекту, ймовірно, близький до собак.

Тримаються ці тварини поодинці, парами або невеликими сім'ями до 12 особин. Зграї складаються з самки, телят і пари дорослих самців. Соціальний взаємозв'язок розвинений слабо, і, мабуть, стабільні відносини існують тільки між матір'ю і дітьми, і то тільки на період дорослішання «молоді».

Морські свині – чудові плавці. Вони пересуваються прямо під поверхнею води, не з'являючись над нею. Такий рух слабо збурює воду, тому помітити, де пливе морська свиня, досить складно.

На відміну від дельфінів, у звуковому репертуарі морських свиней немає монотональних свистів – зафіксовані тільки різні імпульсні сигнали. Одні з них використовуються для ехолокації, інші відображають емоційний стан тварини. Хоча це і не можна вважати мовним спілкуванням, морські свині здатні обмінюватися інформацією.

Медузи

Медузи – безхребетні морські тварини з прозорим драглистим тілом, по краях забезпеченим щупальцями.

Медуза звичайно має форму парасольки або дзвона (від декількох міліметрів до 2,3 метрів), по краях якого розташовуються щупальця та органи чуття. На вигляд медуза в'яла, але на дотик вона щільна.

Тіло медузи на 98% складається з води. Ротовий отвір знаходиться в середині нижньої сторони «парасольки», часто він оточений ротовими лопатями.

У медузи немає кістяка, зате у неї дві нервові системи. Одна обробляє інформацію, отриману всіма двадцятьма чотирма очима. Друга нервова система синхронізує рух м'язових клітин, розташованих за периметром «парасольки».

Немає у медузи і головного мозку. Її нервові клітини переплетені одна з одною, утворюючи мережу. Лише по краях «парасольки» мережа ущільнюється. На однаковій відстані один від одного, виникають нервові вузли. Кожен з них абсолютно самостійний. Проте всі м'язові клітини діють точно і злагоджено.

Статеві залози розташовані поблизу шлунка або радіальних каналів. Плаваючи по волі хвиль, медуза викидає яйця, з яких виводяться крихітні личинки. Вони опускаються на морське дно, прикріплюються до нього і через деякий час починають розмножуватися брунькуванням. Лише у сцифомедуз аурелії, ціана і деяких гідромедуз запліднення яєць відбувається в материнському організмі, де яйця розвиваються до личинкової стадії.

У найпримітивніших медуз органи зору відрізняють лише світле (верх) і темне (низ). У більш розвинених медуз зорові клітини утворюють заглиблення – «борозенку». Подібні очі точніше визначать, де знаходиться джерело світла.

Максимальна зареєстрована довжина щупалець гігантської арктичної медузи становила 36,5 м, а діаметр купола – 2,3 м. Вона була викинута на берег Північної Америки в 1870 р. Цей зразок був більшим, ніж максимальна довжина синього кита, якого вважають найбільшою твариною на планеті.

Маленькі медузки відокремлюються, утворюючи нове покоління медуз. Рухаються медузи реактивним способом: медуза, працюючи як насос, втягує воду в свою парасольку, а потім, скорочуючись, виштовхує її назовні. Вода викидається в одному напрямку, а медуза просувається в протилежному.

Нарешті, у таких медуз, як морська оса, з'являються опуклі «очі-лінзи». Можливо, ока медузи здатні однаково чітко бачити об'єкти, що знаходяться на різній відстані від неї. Всі 24 ока морської оси розташовані навколо її ротового отвору. Вони чітко діляться на чотири групи. Кожна включає два опуклих ока і чотири більш простих, що являють собою клітини, чутливі до світла. Майже всі очі дивляться в бік ротового отвору. Тому біологи довгий час вважали, що вони потрібні медузам, щоб оглядати здобич, яку та зловила своїми жалкими щупальцями і піднесла до рота. Здобиччю ж її стають раки і морські молюски. При нагоді вона з'їсть і дрібну рибку. Лише недавно біологи виявили найтонші м'язові волокна, за допомогою яких морська оса обертає очима на всі боки.

Медузи і гідроїди мають жалкі щупальця, зіткнувшись з якими, можна отримати неприємний опік. Треба мати на увазі, що чим більша медуза, тим неприємнішими будуть наслідки від зустрічі з нею. Для людини небезпечна навіть винесена на берег і злегка висушена медуза.

Медуза здатна почати «розвиватися» в зворотному напрямку . У неї перестає рости купол і щупальця, на тілі з'являються різні відростки, які обростають поліпами, що живлять її. В результаті медуза повертається до стадії гідроїда.

Зовнішній вигляд медуз дуже сильно розрізняється, в залежності від місця існування конкретного виду. «Південні» медузи, як правило, виростають в діаметрі купола до 50 см. Ті ж, які зустрічаються в холодних морях, можуть виростати в 5 разів більше, досягаючи діаметра більше 2 м. Колір медузи чомусь залежить від її розміру. Великі особини мають яскраво-рожевий або фіолетовий колір. Більш дрібні зазвичай злегка помаранчеві, білі або тілесного кольору.

Хоча у неї немає ні внутрішнього, ні зовнішнього скелета, медуза зберігає певну форму. Це забезпечується тим, що драглиста маса пронизана міцними сполучно-тканинними волокнами. Крім того, медуза накачує в себе воду – так само надувний матрац набуває жорсткості, коли накачаний повітрям.

Цианея – найбільший вид медузи, розповсюджений в північних морях Атлантичного і Тихого океанів. Вважає за краще триматися в поверхневих шарах прибережних областей. У медуз-цианей безліч надзвичайно липких щупалець. Всі вони згруповані в 8 груп. Кожна група містить усередині 65-150 щупалець, розташованих в ряд. Купол медузи поділений так само на 8 частин, надаючи їй вигляду зірки з вісьмома кінцями.

Медуза ірукунджі (Carukia barnesi) – дуже отруйна медуза, названа на честь австралійського племені ірукунджі. Мешкає біля берегів Австралії. Хоча вона і володіє отрутою меншої сили, але протиотруту від неї ще не винайдено.

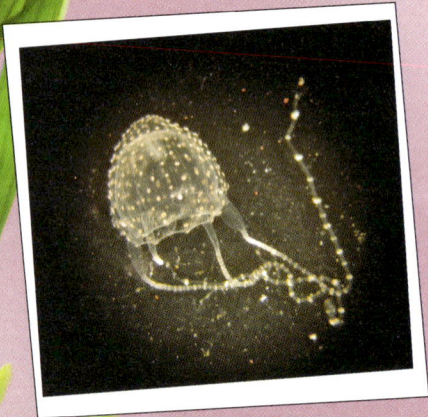

Австралійська морська оса – найотруйніша медуза в світовому океані. Її отрута настільки сильна, що доросла людина може померти менш ніж через 4 хвилини після опіку.

Turritopsis dohrnii – вид малих медуз (діаметр купола 4,5 мм), що володіють біологічною формою безсмертя. Мешкають в помірних і теплих водах світового океану в складі зоопланктону.

Звичайно, вбити медузу можна. І зробити це легко, навіть не помітивши її. Фізичне безсмертя поки що на нашій планеті не знайдене ні в одного живого організму. Більшість всіх видів медуз живуть від кількох годин до багатьох місяців. Лише Turritopsis dohrnii здатна повернутися до стану поліпа – до найпершої стадії життєвого циклу.

Морські лілії

Морські лілії – донні морські тварини, що зустрічаються повсюди в світовому океані. Відомо близько 700 їх видів.

Ці тварини отримали свою назву завдяки незвичайному зовнішньому вигляду, який нагадує квітку лілії. Насправді морські лілії – голкошкірі тварини, що характеризуються твердою шипастою оболонкою і п'ятипроменевою симетрією. Морські лілії різностатеві.

Морські лілії можна зустріти в будь-якому океані і на будь-якій глибині. Особливо багато лілій в теплих широтах на коралових рифах.

Тіло лілії складається з так званої «чашечки», яка закріплюється на дні. Від чашечки відходять промені, що піднімаються вгору. Вони покриті в'язким складом, до якого прилипають частинки їжі, що пропливають повз. Потім крихітні трубчасті ворсинки, якими вкриті промені, передають частки їжі до рота тварини, що розташовується у центрі «чашечки».

Довжина променів досягає 1 м. Всього у лілій їх п'ять, але кожен промінь може розгалужуватися, утворюючи безліч «помилкових ніжок».

Всі морські лілії є пасивними фільтраторами, вони відціджують із води поживну «суспензію»: найпростіших (діатомові водорості, форамініфер), личинок безхребетних, дрібних ракоподібних і детрит.

> Морські лілії – єдині голкошкірі, які зберегли характерну для предків голкошкірих орієнтацію тіла: рот у них повернутий догори, а до поверхні ґрунту повернута спинна сторона.

Всього є 2 великі групи морських лілій – стебельчасті і безстебельчасті. Найбільш поширені безстебельчасті види, які мешкають на мілководді (до 200 м) в теплих тропічних морях. Вони можуть переміщатися, відштовхуючись від дна і ширяючи в товщі води, підтримуючи своє тіло на плаву помахами променів. Стебельчасті види ведуть осілий спосіб життя, але зустрічаються на всіх глибинах, аж до 10 км над рівнем моря.

Морські лілії з'явилися на планеті близько 488 млн. років тому. За часів палеозойського періоду існувало понад 5 000 видів морських лілій, велика частина яких вимерла. Той час був золотим століттям всіх голкошкірих, і морських лілій зокрема. Викопні тих часів рясніють рештками цих тварин, а деякі вапнякові пласти майже повністю складаються з них. До наших днів «дожили» лише ті лілії, які з'явилися на Землі близько 250 млн. років тому.

Риба-папуга

Риби-папуги – сімейство риб загону окунеподібних, що зустрічаються в тропічних водах Тихого і Індійського океанів. Риби красивого забарвлення, але з могутніми щелепами.

Риби-папуги – мешканці коралових рифів, а їх основний раціон становлять коралові поліпи, але деякі види сімейства можуть полювати і на донних тварин (хробаків і молюсків).

Ріст риби не перевищує 30-50 см у довжину. Деякі види можуть «похвалитися» метровою довжиною тіла, і лише зелена риба-папуга виростає до довжини 1,3 м. Тіло риб широке, з добре розвиненими грудними плавцями, за допомогою яких риба плаває, використовуючи свій хвіст тоді, коли потрібно набрати швидкість.

Майже всі види цієї риби – гермафродити. Тварина починає життя в якості особи жіночої статі, а потім змінює її на чоловічу. Деякі види теж народжуються самкою, але «приймають рішення» про зміну статі самостійно, ґрунтуючись на співвідношенні чоловічих і жіночих особин в регіоні. Лише мармуровий вид риби не змінює свою стать протягом життя.

Цікавою особливістю риб-папуг є можливість виділяти через рот слиз, який огортає рибу в темний час доби, коли вона спить. Кокон, що утворюється, не підпускає до тварини паразитів. До того ж цей кокон не пропускає запах риби, приховуючи її від хижаків, які вишукують жертву за допомогою нюху. За допомогою слизу риба ще й загоює рани, завдані гострим камінням.

Своєю назвою риби-папуги зобов'язані своєрідному «дзьобу», що нагадує за формою і будовою дзьоб папуги. Цей «дзьоб» являє собою наріст дрібних і твердих зубів, розташованих у формі мозаїки, на зовнішній поверхні щелепи.

Деякі види риб-папуг здатні перетравлювати коралові породи і навіть каміння. Своїми потужними зубами вони відколюють невеликий шматочок корала або підводного каменя і ковтають його. Після того, як риби перетравлять його, вони випорожнюються піском. Підраховано, що одна доросла риба-папуга може «виробити» за рік 90 кг піску.

Своїм «дзьобом» риба з легкістю зішкрібає молоді водорості з коралів, що запобігає їх задусі. Взагалі риби-папуги відіграють найважливішу роль у процесі біоерозії (розкладання твердих океанічних порід під впливом молюсків, рослин, хробаків, губок і т.д.), деяким чином рятуючи коралові рифи.

Риба-камінь

● Риба-камінь (бородавчатка). Риба-камінь є однією з найбільш отруйних, до того ж, потворних мешканців підводного світу. Через свій відразливий зовнішній вигляд вона отримала ще одну назву – бородавчатка.

● Ця донна мешканка поширена повсюдно, крім Північного Льодовитого і Атлантичного океанів. Її можна зустріти біля узбережжя Африканського континенту, в Індійському та Тихому океанах. Живе риба-камінь в Червоному морі, біля Сейшельських островів, неподалік від узбережжя Танзанії, Кенії і Сомалі. Основними місцями її проживання є коралові рифи, купи каміння і затемнені водорості, де вона ховається по скельних щілинах і маскується під ділянку дна.

● Зовнішній вигляд бородавчатки трохи моторошний. Все тіло риби вкрите наростами і гребенями, через які вона й отримала своє прізвисько. Голова величезна (у порівнянні з тілом). Очі і рот маленькі, спрямовані вгору. Колір може варіюватися від темно-червоного до зелено-бурого і залежить, мабуть, від ареалу проживання.

Риба-камінь може вирости до 50 см. Вона має велику голову з маленькими очима і великим ротом, у якого нижня щелепа видається вперед. Все її тіло вкрите бородавками і горбиками власне, за що вона і отримала свою другу назву.

● Бородавчатка – неактивна риба, що воліє проводити час, лежачи на рифі або в піску. Природне маскування робить її слабо помітною на тлі строкатих коралових фарб. Може закопуватися в глину або пісок. Зверху залишаються лише верхня частина голови і спина, до якої прилипають різні травинки. Це робить рибу ще більш непомітною. Жертвою бородавчатки стають дрібні рибки, креветки і молюски, які, не помітивши хижака, наблизилися на небезпечну відстань від його пащі.

● На спині риби-каменя є до 12 шипів, які виділяють смертельно небезпечну отруту. Ці шипи розташовані в спинному плавці. У моменти небезпеки риба розпрямляє плавець, щоб вколоти свого ворога. Отрута риби викликає больовий шок. Вона дуже небезпечна і для людини.

Морський чорт або лімацін

Морський чорт або лімацін – невеликий черевоногий молюск, який має раковину. Будова схожа з будовою морського ангела. Плавання морського чорта в товщі води нагадує політ метелика, звідки й інша назва – «морський метелик».

Морський чорт мешкає тільки в холодних і помірних водах Північного Льодовитого і Атлантичного океанів. Цей молюск – хижак, який ловить свою здобич за допомогою липких сіток, які він робить зі спеціально виділеного слизу. Розміри цих ловчих сіток можуть в п'ять разів перевищувати розмір самої тварини. У них потрапляють дрібні рачки, планктон, личинки, а також бактерії.

Сітка, що розставлена у воді, ще й допомагає лімаціну утримуватися на плаву, не даючи раковині тягнути себе на дно. Якщо він не підтримує свою плавучість, то може впасти на саме дно зі швидкістю 25 км/год. Щоб цього не сталося, молюск «махає» своїми довгими крилами, які являють собою широкі відростки від основної ноги.

Регулюючи частоту змахів крил, морський чорт може варіювати глибину свого проживання. Протягом світлового дня молюск намагається сховатися в темряві на глибині, але не опускається глибше 100 м. У темну пору доби лімацін переміщається ближче до поверхні, де води багаті зоопланктоном.

Єдине, на що розраховує морський чорт під час нападу на нього – це сховатися всередині своєї раковини, щоб якомога швидше впасти на дно і злитися з каменями, галькою і піском. Його раковина може закриватися спеціально кришечкою, повністю приховуючи тіло молюска. Правда, ця сама кришка не рятує від головного хижака, що «спеціалізується» на пожиранні морських чортів – морського ангела.

Розмір морського чорта зовсім не тягне на звання «зла» моря. Найбільш великі екземпляри в холодних водах – 1,5 см. У більш теплих морях його довжина не перевищує 3 мм. Раковина абсолютно не захищає тваринку від природних ворогів.

Морський ангел

Морський ангел – черевоногий молюск, що живе в холодних морях Північного Льодовитого океану. Відомий з XVII ст., коли вперше описаний ангел був єдиним представником «крилоногих» тварин.

Дивлячись на молюска, не відразу розумієш, де у нього що знаходиться. Він здається абсолютно монолітним. Складається відчуття, що у ангела немає рота. Морський ангел – ненажерливий хижак. Його рот містить 6 щупалець, якими він утримує здобич і використовує їх для «зачистки» раковини своєї жертви. А жертвою морського ангела є тільки морський чорт. Морський ангел, наздогнавши чорта, викидає свої ротові щупальця всередину раковини здобичі і «виколупує» з неї тіло морського чорта.

Після запліднення протягом доби морський ангел відкладає яйця. Молоді «янголята», що вилупилися, піднімаються до верхніх шарів води, які багаті зоопланктоном. Ним «молодь» харчується 3-4 дні, а потім стає такими ж самими хижаками, як і дорослі особини.

Плавці з морських ангелів не дуже вправні. При штормі морські ангели стають неактивними, віддаючись волі сил тяжіння, які опускають їх на глибину 350-400 м. На великій глибині морські ангели не харчуються, а використовують для підтримки сил накопичений жир. Таке голодування може тривати кілька місяців.

Морські ангели – гермафродити, тому для майбутнього потомства не потрібна наявність двох статей, а досить зібратися двом особинам.

Морський ангел отримав свою назву за красивий і незвичайний зовнішній вигляд. Ширяючий в товщі води молюск викликає захоплення – він дійсно схожий на прозорого ангела, що летить. Мешкає на великій глибині, і людина, яка зустрічає молюска в своєму природному середовищі існування, бачить ангела в світлі прожекторів, що його просвічують, а подовжене тіло і невеликі крильця створюють враження неземного походження тварини.

Іноді морські ангели збираються у великі скупчення. Вчені підрахували, що зграї бувають дуже щільними, коли в одному кубічному метрі води збирається більше 3 сотень молюсків. До кінця не ясно, для чого вони збираються разом, проте з великою часткою ймовірності це пов'язано з періодом розмноження, коли ангели запліднюють один одного.

Акули

Акула – одна з найдивовижніших з усіх живих істот на Землі. Ці риби благополучно пережили всілякі льодовикові періоди та інші катаклізми, які виявилися «не по зубах» тим же мамонтам і динозаврам. Не виключено, що акули переживуть і рід людський, так вже вони влаштовані.

Навіть брак кисню не може збентежити хижачку. Адже акула в будь-який момент здатна «відключити» частину мозку і перейти в анабіоз для збереження енергії.

Цікаво, що, маючи добрий зір, акула може ним і не користуватися, а плавати і спокійно орієнтуватися в океані із закритими очима або в повній темряві. Для орієнтації у неї є ще один орган – бічна лінія, що вловлює найменші коливання в морі. До того ж у акули дивовижний слух. Вона може чути не тільки вухами (вони у неї є і знаходяться відразу за очима), а і всім своїм черепом.

Що ж стосується нюху, то і він у акул – один з кращих на всій планеті. Ці риби здатні вловлювати запах крові, розведеної у воді в пропорції один до мільйона. Вони можуть «нюхати» навіть над поверхнею води, просто висунувши назовні ніс.

Акули є одним з найбільш чутливих у світі термометрів. Причому температуру навколишнього світу вони вимірюють власною мордою. Слиз, який міститься в носі у акул, здатний виробляти електричний струм в залежності від температурних змін. Пори носа, в свою чергу, надзвичайно чутливі до електричних полів, в результаті чого акули безпомилково відшукують в океані багаті рибою зони, які формуються в тих місцях, де стикаються водні маси різної температури. Вміст носа акули дозволяє хижачці визначати температуру з точністю до однієї тисячної градуса!

Цікаво, що організм акул може сам регулювати солоність води, тому одна з передбачених вченими прийдешніх катастроф – опріснення світового океану в результаті танення льодовиків – акулі практично не загрожує.

Ці хижачки мають унікальний зір, що в кілька разів перевищує котячий. Акула здатна бачити в непрозорій морській воді на відстані до 15 метрів. Око її відрізняється від людського і частотою сприйняття: у нас – 24 кадри на секунду, у акул – 45 кадрів на секунду. До того ж, як зовсім недавно з'ясувалося, акули бачать не чорно-білу картинку, а сприймають навколишній світ у кольорі.

Котячі акули – нічні хижаки. Вони мають струнке витягнуте тіло, яке володіє котячою гнучкістю, звідки, імовірно, і бере свій початок прізвисько цієї акули, яка латинською мовою звучить як «Scyliorhinus canicula». Вони прекрасно бачать свою жертву в темряві, нападаючи на неї із засідки, які влаштовують у щілинах скель і в заростях трави. Своїм чудовим «зором» акули зобов'язані, звичайно ж, не очам, а великій кількості електро-чутливих датчиків, розташованих в передній частині голови. Навіть в умовах поганої видимості і в повній темряві акула може розрізнити електричні сигнали, що виходять від іншої риби.

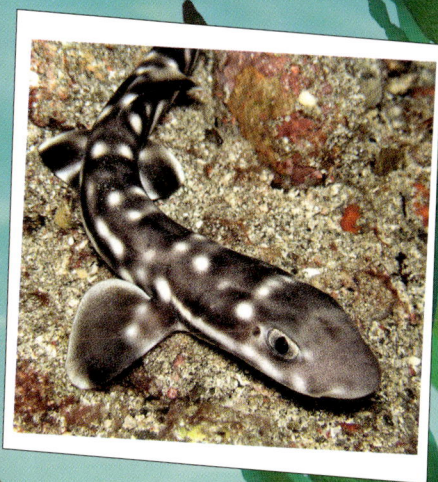

Риба-молот, що належить до акул, зовсім не через примхи природи має череп дивної форми. Виявляється, голова риби-молота служить гігантським і одночасно високочутливим сенсором, потужною антеною, здатною вловити найменше електромагнітне поле жертви. Раціон харчування акули-молота складають в основному донні риби – скати і камбала, однак акула не гребує всім, що може потрапити їй на очі. Багато морських мешканців, рятуючись від хижаків, зариваються в пісок, завмирають нерухомо, маскуючись під рослини або камені. Але жодна тварина не здатна «заховати» своє електромагнітне поле. Цим і користується риба-молот. Вона кидається на ґрунт або у гущавину водоростей і безпомилково вихоплює звідти свою здобич.

Молот цієї тварини виконує важливі функції: очі, розташовані на кінцях «обухів» молота, дозволяють рибі дивитися на 360° навколо себе.

Молот, який досягає значних розмірів, є своєрідним поплавком, який утримує рибу на плаву.

Цікаво, що шкіра акули-молота схильна до засмаги при тривалому знаходженні на поверхні води і на мілководді. У тваринному світі тільки людина і свиня мають таку ж особливість.

Інші акули використовують і більш простий спосіб полювання. Наприклад, у гренландської акули очі світяться в темряві як далекі доброзичливі ліхтарики, що привертає неймовірну кількість риб.

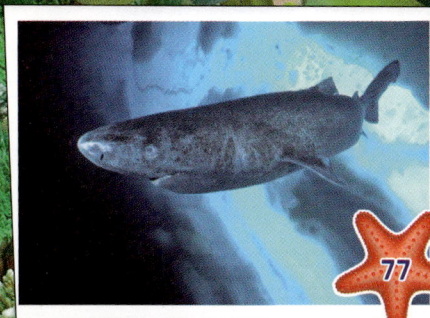

Унікальним способом полювання відрізняється **акула-лисиця.** У неї дуже довгий хвіст (в половину всього тіла). Ударами цього хвоста акула-лисиця просто глушить своїх жертв.

Акула шестизяброва входить до сімейства гребнезубих акул. Відрізняються особливою формою зубів, які нагадують гребінь з декількома вершинами. Живуть ці риби у всіх океанах (крім Північного Льодовитого) на глибині до 2 000 м.

Шестизяброва акула – одна з найстаріших риб нашої планети і нагадує викопних акул тріасового періоду (200-250 млн. р. тому). Вона має лише один спинний плавець, розташований близько до хвоста. Грудні плавники широкі, із закругленими краями. Є 6 зяброві щілин, через які акула і отримала свою назву. Найчастіше сучасні особини цих акул мають тільки 5 зяброві щілин.

Плащеносна акула

Вперше виявив цей вид акул німецький іхтіолог Людвіг Додерлайн, який привіз до Відня опис плащеносної акули після відвідин Японії в 1879-1881 рр. На жаль він не зміг опублікувати свої відкриття, оскільки докладні записи про цю тварину було втрачено. У науковому світі про цю акулу дізналися після виходу статті «Виняткова акула» в 1884 р. під авторством Самуїла Гармана. У цій праці вчений розглядав 1,5-метрову самку, спіймону в Японії в затоці Сагами. Гарман дав ім'я новому виду – «Chlamydoselachus anguineus», від грецького «chlamy» (жаба) і «selachus» (акула), а також латинського «anguineus» (змієподібне). Пізніше за акулою закріпилися прізвиська «акула-жаба», «акула-ящірка», шовкова, гофрована і плащеносна акула.

Ця акула має «відкриту» бічну лінію, яка дозволяє відчути рух потенційної здобичі навіть в умовах поганої видимості. Ще один спосіб полювання гофрованої акули – різкий випад з широко відкритою пащею на жертву, яка пропливає повз. Цьому сприяє довгий хвіст, який дозволяє рибі прискорюватися.

Плащеносна акула добре пристосована для проживання на великих глибинах. У неї є величезна печінка, що заповнена ліпідами (жирними кислотами), яка підтримує тварину в товщі води без зусиль.

Катран або морський собака – придонна риба, що зустрічається в помірних водах світового океану, за винятком південної частини Атлантичного океану. Акула тримається завжди у воді, температура якої не перевищує 15°. Влітку, з підвищенням температури, катран переміщається на глибини 40-200 м.

Катран – чудовий плавець. Його тіло ідеально пристосоване для плавання. Воно має витягнуту довгу форму і добре розвинені плавники. Морда акули загостреної форми, грудні і спинні плавники мають серпоподібну будову. Все це дозволяє морському собаці легко «розрізати» воду, значно прискорюючись, і підтримувати велику швидкість. Колючки на спині розвинулися в тверді шипи. У природі катран використовує свої колючки тільки для самооборони.

Плавці морського собаки стали для людини уособленням гострого предмета. Виробники мисливських ножів виготовляють цілу лінійку своїх продуктів під маркою «Катран».

Найбільша риба в океані належать саме до загону акул. Це так звана китова акула. Виловлений в листопаді 1949 р. біля берегів Пакистану екземпляр мав більше 12 метрів у довжину і важив близько 20 тонн. Найцікавіше, що, незважаючи на свої настільки страхітливі розміри, китова акула харчується планктоном.

Китовою цю акулу називають тільки через її великі розміри. У різних країнах китову акулу називають по-різному. У Південній Америці рибу називають «доміно» за її характерні білі плями. В африканських країнах є повір'я, що Бог кинув на акулу кілька білих шилінгів, які перетворилися на білі плями. Через це її називають «Папа-шилінг». На Мадагаскарі ж акулу називають «багато-зірковою». А на острові Ява, цю ж саму китову акулу називають «зоряною спиною».

Неймовірно розвинені у багатьох акул і дегустаційні здатності. Хижачка, що споживає все підряд, наприклад, котяча акула, має в порожнині рота понад двадцять сім тисяч смакових рецепторів (у людини – на порядок менше) і тому є загальновизнаним самим тонким цінителем і дегустатором тваринного світу.

Біла акула посідає перше місце в переліку найнебезпечніших тварин для людини в морі. (До речі, саме у білої акули найкращий слух.) Ця хижачка володіє настільки потужними щелепами, що здатна легко перекусити сталеві прути.

Раніше існувала думка, що дорослі особини воліють триматися саме поодинці, однак останні дослідження показують, що білі акули щороку повертаються на свої улюблені місця, де збираються у великі групи. Наприклад, в Мексиці є місце, настільки популярне серед кархародона, що вчені охрестили його «Кафе білих акул». Цікавим є той факт, що в цьому місці недостатньо їжі, щоб прохарчуватися такій кількості акул, і незрозуміло, що змушує хижаків довго перебувати там. Ймовірно, щоб просто поспілкуватися.

Велика біла акула, яку правильно називати кархародон, є найбільшою хижою акулою на планеті. Максимальна зареєстрована довжина склала 11 м, але зважити її не вдалося. Відомі особини білої акули, які досягають 200 кг.

Полярна або льодова акула

Для цієї акули характерні деякі особливості, не помічені у інших акул. Цікаво те, що акула не має сечовивідних каналів, і продукти життєдіяльності виводяться через шкіру. Тому м'ясо акули наскрізь просякнуте аміаком, який є отрутою для більшості тварин.

Полярна акула – досить велика тварина, що досягає маси 1 т і довжини 6,5 м. Так само були помічені особини довжиною 8 м. Маса таких екземплярів повинна перевищувати 2,5 т. Розміри полярної акули ще раз підкреслюють переважний гігантизм у тваринному світі полярного кола.

Лимонна акула

Свою назву акула отримала за світло-коричневий, або жовтий колір тіла. Так само зустрічаються такі варіанти назви: жовта акула, панамська гострозуба і короткорила гострозуба. Лимонні акули – великі хижаки. Вона не ганяється за своєю жертвою, а вважає за краще нерухомо лежати біля самого дна. Відповідне забарвлення робить її непомітною на тлі піску. Акула здійснює блискавичний стрибок на здобич, що наблизилася, і швидко з'їдає її.

Оксамитова акула – справжня мешканка великих глибин, і, як усім глибоководним тваринам, їй властива біолюмінесценція. Її фотофори розташовані з боків широкого тіла і на животі.

Оксамитова акула зазвичай сильно заражена зовнішніми паразитами. Цей факт наштовхує на думку про її малу рухливість, як і всіх глибоководних, на відміну від поверхневих родичів, що ведуть активний спосіб життя. Спостереження показують, що ця акула повільна в русі, щоб наздогнати навіть деяких спритних головоногих.

Розмножуються акули дуже рідко. В середньому кожна самка народжує по 6-20 дитинчат один раз на 3 роки. Таке повільне поповнення популяції, посилене загибеллю тварин при глибоководному лові, може поставити вид під загрозу зникнення.

Відкриття в 20 ст. великоротої акули стало сенсацією в світі іхтіологів, переоцінити значення якого неможливо.

Темну акулу ще називають темною акулою-собакою, сутінковою або біоперою акулою. Своїм ім'ям акула зобов'язана французькому натуралістові Чарльзу Лесуеру, який вперше науково описав її з епітетом «obscurus», що з латинської означає «темний». Через її темно-синє забарвлення риба і стала іменуватися темною або сутінковою. Вона водиться майже у всіх теплих континентальних морях у поверхневих водах. Ця акула – одна з найбільших представників свого роду. Середня довжина дорослої особини – 3,5 м. Тіло має струнке, обтічне, морда коротка. Грудні плавці довгі, серпоподібної форми, схожі на плавці довгокрилої акули. Хвостовий плавець розвинений добре – верхня його частина довга і висока.

Вагітність становить 2 роки, після чого на світ з'являються 3-14 акулят. Після пологів самка протягом року відпочиває від виношування.

Ця тварина відома вченим своїми тривалими подорожами. Під час міграції темна акула долає відстань до декількох тисяч кілометрів. Примітно, що, перебуваючи в таких тривалих подорожах, самки акули пристосувалися до тривалого зберігання сперми самців всередині свого тіла.

Акули-няньки тримаються на маленькій глибині – до 2-3 м, хоча можуть занурюватися і на 12 м. Віддають перевагу життю на коралових рифах, в заростях мангрових рослин і на кордоні з піщаними островами. Ці акули повільні і малорухливі. Полюють вони вночі, проводячи світлий час доби на дні. Вдень вони ховаються в щілинах скель підводних рифів або під підводними уступами. В період відпочинку ці акули збираються в великі зграї до 40 особин. Вночі ж, під час полювання, риби тримаються поодинці.

На полюванні акули-няньки досліджують дно в пошуках ракоподібних, молюсків і риби, що становлять їх основний раціон харчування, або влаштовують засідки на кордоні водоростей і відритої води. На відміну від своїх родичів, акули-няньки можуть дихати і під час спокою, накачуючи свої зябра через рот. Тому вони можуть довго залишатися нерухомими, раптово нападаючи на жертву, що пропливає повз.

У акул-няньок дуже розвинена територіальна прихильність до свого місця проживання.

Після двох років, проведених в животі матері, молоді акули з'являються на світ вже повністю сформованими рибами, готовими до самостійного існування. Щоб вижити, найсильнішим акулятам потрібно пожирати своїх братів прямо в утробі. Таким чином, до кінця терміну вагітності у акули розвиваються двоє дитинчат – в кожній матці по одному.

На відміну від своїх родичок, що розсікають простори океану, австралійська центрина тримається ближче до океанського дна. Трикутна форма тулуба і не дуже великі розміри (до 75 см) якнайкраще підходять для такого способу життя.

Австралійська центрина

Ця таємнича і маловивчена акула (лат. Oxynotus bruniensis) зовні дуже мало схожа на хижака, грозу морів, однак вона є повноправним членом сімейства тригранних акул із загону катраноподібні.

Обрис тулуба австралійської центрини в розрізі має форму трикутника, вершина якого прикрашена двома великими спинними плавцями, схожими на вітрило. Завдяки верхньому вигнутому плавцю центрина має «горбатий» силует.

За дуже товсту шкіру австралійські центрини отримали ще одну назву – колючі грубі акули. Ці придонні риби зустрічаються на глибині від 45 до 650 м в помірних водах біля східного узбережжя Австралії, Нової Зеландії і на південь від Тасманії. Ці акули – хижачки, що володіють гострими, як лезо, зубами. Верхня і нижня щелепи у них екіпіровані по-різному: вгорі розташовано близько 20 рядів тонких голкоподібних зубів, а низ усіяний 13 рядами широких трикутних зубів, схожих на ножі.

Акула-бик, на відміну від своїх побратимів, цілком легко переносить прісну воду і часто піднімається вгору по річці на досить великі відстані. Ця любов триматися подалі від відкритої води пояснює, чому вона тримає першість за нападами на людей, що знаходяться на березі.

Зовні ця акула лінива і повільна, що створює ілюзію безпеки. Однак свою назву вона отримала недарма. Як і у бика, морда акули дуже широка, що надає їй деяку схожість з ним. Але головне те, що, подібно бику, ця акула зовсім непередбачувана. Ось вона спокійно пропливає повз, а через секунду кидається на жертву, яка нічого не підозрює.

Харчується акула практично всім, що трапиться: дельфінами, рибою, іншими акулами, черепахами, птахами, ракоподібними та ін. Не гребує падаллю.

Вважається, що саме акули-бики відповідальні за напади на людей в 1916 р. біля берегів Нью-Джерсі в США. Саме ці епізоди послужили поштовхом для написання відомого роману «Щелепи».

Акула-гоблін

Свою назву ці акули отримали через свою унікальну зовнішність: довга морда і ніс дзьобоподібної форми роблять акулу-гобліна схожою на морське чудовисько. Інші назви акули-гобліна – акула-домовик, акула-носоріг або скапанорінх.

Незважаючи на страшну зовнішність, розміри акули-гобліна важко назвати страшними. Як правило, вузьке тіло дорослих особин досягає в довжину близько 1 м, хоча іноді зустрічаються екземпляри з довжиною тіла 3-5 м.

Відразу під дзьобоподібним наростом акули-гобліна розташовується рот з великою кількістю дрібних гострих зубів, однак лише три колони зубів функціонують. Акула харчується рибою, крабами, молюсками та ракоподібними. Сильні щелепи і гострі зуби дозволяють розколювати навіть тверді панцирі жертви. Полюючи, акула-гоблін всмоктує воду, різко відкриваючи пащу. Разом з водою в зубах опиняється і здобич.

На окрему увагу заслуговує забарвлення цих акул: спина, пофарбована в коричневий колір, напівпрозора шкіра, через яку можна розглядати кровоносні судини, і яскраво виражена світла смужка перед рилом акули.

Характерний горб акули-гобліна служить її своєрідним локатором в непроглядній темряві. Він містить велику кількість нервових закінчень, що дозволяють помітити наближення потенційної жертви.

Акула-мако (Isurus oxyrinchus)

У акули-мако (лат. Isurus oxyrinchus) є безліч імен. Її називають і ч苹рорилою, і макрелевою, і сіро-блакитною, і сіро-блакитною оселедцевою акулою, а також просто мако. Ця люта хижачка займає «почесне» місце в списку найнебезпечніших акул для людини.

Ці акули зустрічаються практично у всіх водах помірних і тропічних морів. Вони ніколи не залишаються на місці, перетинаючи океани буквально «уздовж і впоперек». Мако спокійно долають відстані від 500 до 4 000 км.

Акула-мако – це дуже потужна і рухлива мешканка океану. Вона здатна здійснювати серію стрибків, вистрибувати з води на висоту до 6 метрів і навіть «ходити» на хвості. Перед нападом хижачка особливим чином наїжачує луску, що дозволяє їй розвинути швидкість до 100 км/год.

Для захисту від ворогів акули використовують майстерне маскування, що дозволяє їм зливатися з морським дном. Деякі види можуть не просто залягати на пісок, а й закопуватися в нього, піднімаючи хмару пилу, яка осідає на рибі.

Комірні акули

Комірні акули акули зовсім не схожі на своїх «дорослих» братів. В основному, звичайно ж, через розмір – він у комірних зовсім не «акулячий». Ці риби мешкають тільки поблизу поверхні, на мілководних пляжах. Вони рідко коли занурюються на глибини, що перевищують 100 м. До кінця не ясно, навіщо вони періодично мігрують на таку глибину, в основному їм не властиву. Можливо, це якось пов'язано з розмноженням.

Зовнішність у комірних акул досить оригінальна. Вони мають великі очі, що нагадують котячі. Тіло гнучке, видовжене, пропорціями майже ідентичне до котячої акули. Два спинних плавця зміщені далеко назад, перебуваючи далі, ніж черевні. Грудні плавники великі і добре розвинені. Зяброві отвори маленькі. Деякі види мають невеликі вусики.

Взагалі будова тіла вказує на те, що акула володіє гарним набором даних чудового плавця. У раціоні харчування комірних акул присутні дрібні риби і головоногі, що дає можливість розвивати хоча б на короткий час високу швидкість, необхідну для впіймання жертви.

Довгокрила акула (лат. Carcharhinus longimanus) живе в глибокій і чистій воді, температура якої не опускається нижче 20 °С. Як тільки температура починає падати, акули намагаються перебратися в більш теплі води.

Головна відмінність цих акул – їх грудні плавці, які є значно ширшими і довшими, ніж у інших видів. У довгокрилої акули витягнуте тіло обтічної форми. Ніс закруглений, великі і круглі очі захищені моргальними перетинками. Забарвлення варіює від коричневого до синювато-сірого, черево завжди світле. Кінці плавців прикрашені білими плямами.

Середня довжина дорослої акули 1,5-2 м, вага 20-60 кг. Самки більші і важчі за самців.

Довгокрилі акули з широко роззявленою пащею вриваються в зграю риб, захоплюючи тих, хто виявився не таким спритним.

Полюють ці акули поодинці, хоча в місцях скупчення їжі можуть зібратися зграєю. Повільні за вдачею, вони здатні здійснювати стрімкі кидки, атакуючи своїх жертв.

Незважаючи на їхні великі розміри, на гігантських акул нападають косатки, тигрові акули та міноги, які прикріплюються до тіла риби. Через міног тіло акул покривається характерними шрамами.

Гігантська акула належить до виду «Cetorhinus Maximus». Слово «Cetorhinus» означає в перекладі з грецької мови «Морський монстр», а «Maximus» з латині – «Найбільший». За нею закріпилася слава лютого хижака, який може проковтнути людину цілком, подібно китовій акулі, що теж абсолютно невірно.

Харчується ця акула планктоном, слідуючи за ним по всіх морях і океанах. Більшу частину часу риба проводить у верхніх шарах води, фільтруючи до 2 000 т води щогодини. При нестачі їжі акула може занурюватися на глибину до 1 км, харчуючись там зоопланктоном.

Гігантські акули є соціальними тваринами, збираючись в невеликі зграї до 4 особин, іноді навіть і до 100 голів. Плавають ці акули дуже повільно, зі швидкістю 3-4 км/год. Однак бувають випадки, коли вони різко розганяються, щоб високо вистрибнути над водою, подібно китам. Такі стрибки дозволяють їм позбуватися від паразитів, що живуть на їх тілі.

Вчені припускають, що в якості «мови» спілкування слід розуміти візуальні жести риб. Хоча очі у акул невеликого розміру, вони дуже добре розвинені і дозволяють їм спостерігати за своїми родичами.

Блакитна акула

Блакитна акула є найпоширенішою твариною на планеті. Ареал її проживання охоплює практично весь світовий океан. Вона не зустрічається тільки в холодному Північному Льодовитому океані і біля Південного полюса. Тримається риба у верхніх шарах води, не опускаючись нижче 350 м. Найбільша глибина проживання характерна для акул, які живуть в тропіках. У помірних морях вона може наближатися до берегів.

Акула має «класичний» зовнішній вигляд, тому її не сплутати з іншими видами. Найважливішим об'єктом харчування блакитної акули є кальмари і кісткові риби. Іноді полює на своїх дрібних родичів, восьминогів, ракоподібних. Не гребує падаллю – в животах деяких спійманих акул були виявлені м'ясо і жир китів. Блакитна акула часто є носієм паразитів, зокрема солітерів. Вони заражаються ними при поїданні таких риб, як опа або риба-ланцет. Примітно, що тунцем ця акула не харчується, хоча інші види намагаються його не пропускати.

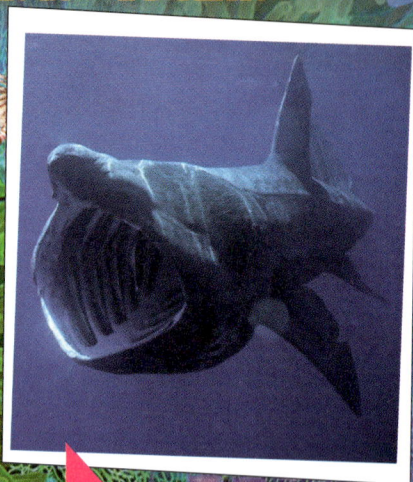

Великорота акула або великорот.

З моменту відкриття цієї риби пройшло всього трохи більше 30 років. За цей час біологи змогли дізнатися лише малу частину життя великорота. Мешкає акула у всіх океанах, за винятком Північного Льодовитого. Найбільш поширена в південній півкулі земної кулі.

Голова акули має величезний рот, завдяки якому риба й отримала свою назву. Своєю пащею вона проціджує воду, залишаючи в роті тільки планктон, яким харчується. Оскільки планктон знаходиться переважно у верхніх шарах води, може скластися враження, що риба тримається на поверхні, однак це не зовсім так. Рибалки ловили великоротів і на глибинах, що перевищують 200 м. Така вертикальна міграція є звичайною справою для планктоноїдних тварин, які переміщуються в товщі води, слідуючи за їжею.

Плавець з великоротої акули не дуже вправний. Пересувається вона повільно, зі швидкістю всього 1,5-2 км/год.

Забарвленням вона нагадує косатку, тому іноді спостерігачі могли помилково приймати великорота за молодого кита-вбивцю. Цьому сприяє ще й наявність дрібних зубів у пащі акули.

Молюски

Молюски – тип безхребетних тварин. Світ молюсків дуже різноманітний. Зустрічаються крихітки, що паразитують на інших тваринах, є й такі, що сягають до 1 м в довжину. Багато молюсків служать їжею для риб, птахів і ссавців; деякі вживаються в їжу людиною (устриці, мідії та ін).

Молюски, як і комахи – найбільш еволюційно довершені тварини серед безхребетних. Різноманітні за формою та способом життя, вони оселилися в морях, океанах та прісних водоймах, частина – на суходолі. В більшості є зовнішній скелет або своєрідний «будиночок», який захищає їх. Розрізняють 3 типи «будиночків» молюсків: мушля, черепашка і скойка. Крім черепашки, для молюсків характерний незвичний орган, який слугує для зішкрябування та подрібнення їжі – радула, або тертка. Це пластинка, яка має сотні малесеньких зубчиків, завдяки чому дехто вважає молюсків найбільш зубатими тваринами.

Молюск-хижак рапан прибув у Чорне море в 1947 р. з Японського моря на днищах перекинутих звідти торпедних катерів і до теперішнього часу знищив майже всіх устриць, мідій і морських гребінців. Так сильно розплодитися рапани змогли тому, що внаслідок невисокої солоності води в морі відсутні їхні природні вороги – морські зірки.

Вік молюсків можна визначити за кількістю кілець на стулці раковини. Кожне кільце відрізняється від попереднього за рахунок особливостей споживаної їжі в цей період, стану екології, температури і кількості кисню у воді.

Голожаберних молюсків нараховують близько 3 000 видів. Вони характеризуються повною відсутністю панцира. Однак зовнішній вигляд оманливий. Голожаберні молюски дуже отруйні, від одного дотику до них може статися сильний опік. Розміром ці молюски бувають від 6 мм до 31 см. Харчуються вони водоростями, анемонами і навіть іншими молюсками.

Найбільший молюск у світі – гігантський кальмар під назвою *Architeuthis dux*. Його довжина більше 18 м, а очі розміром з футбольний м'яч. Він мешкає в прибережних водах Тихого океану. Цей кальмар вважався міфічною істотою. Багато вчених довго сумнівалися в його існуванні, поки в 2007 р. група японських науковців не змогла його сфотографувати.

Існують також двостулкові молюски. Вони бувають морські та прісноводні.

Двостулкові молюски – малоактивні, живуть на дні водойм, нерідко наполовину або цілком зарившись у ґрунт. Деякі види ведуть нерухомий спосіб життя, прикріплюються до скель чи водоростей нитками бісусу, що виділяється зі спеціальної залози в нозі, або міцно приростають до субстрату стулкою черепашки. Проте деякі можуть і пересуватися. Гребінці, наприклад, ритмічно стискаючи стулки і викидаючи струмінь води, можуть відплисти досить далеко від своїх ворогів – морських зірок. Більшість їх живиться завислими у воді частинками, пропускаючи через мантійну порожнину значну кількість води й виконуючи важливу роль як природні очищувачі води (біофільтратори).

> Найбільший спійманий молюск важив близько 340 кг. Він був виловлений в Окінаві, Японія в 1956 році. А найстаріший спійманий людиною молюск, за оцінками вчених, мав вік близько 405 років.

Мідії та устриці – морські молюски, які зазвичай ведуть прикріплений спосіб життя. Часто на дні морів та океанів вони утворюють великі скупчення (банки).

Устриця за один сезон може відкласти близько мільйона яєць. Однак лише одиниці зможуть вижити і дорости до дорослого стану.

Іншим великим класом молюсків є черевоногі. До цього класу належить близько 90 000 видів. Черевоногі – найчисленніший і найрізноманітніший клас молюсків. Серед представників цього класу є рослиноїдні види і хижаки, які мають токсичну отруту і можуть полювати на інших молюсків, голотурій та риб.

Головоногі молюски – в більшості своїй хижі морські тварини, що вільно плавають у товщі води. У цих молюсків (восьминогів, кальмарів, каракатиць) кров синього кольору. У разі небезпеки вони викидають з лійки струмінь чорної рідини, яку виробляє спеціальний орган – «чорнильний мішок». Рідина розливається у воді густою хмарою, під прикриттям якої можна сховатися. Так само чинять головоногі, коли попереджують непроханого гостя про «кінець терпіння» – свою атаку. Після випускання «чорнильної завіси» кальмар набуває блідого кольору.

Восьминоги

Восьминіг – найвідоміший представник головоногих молюсків. Це істота, тіло якої схоже на кулю з вісьмома щупальцями-руками, які відходять від неї. Восьминоги дуже різні, навіть називати цих молюсків одним ім'ям дещо неправильно. Розмір у різних видів коливається від 1 см до 3,5 м. Найбільші восьминоги зустрічаються біля узбережжя Британської Колумбії: при вазі 15-23 кг довжина щупальців досягає 2,5 м і більше. На заході Канади якось спіймали восьминога вагою 272 кг, а довжина його щупалець становила 9,6 м! Зустрічаються восьминоги навіть у холодних антарктичних водах. Недавно вчені виявили і описали такого «антарктичного восьминога».

«Типові» восьминоги – придонні тварини, тобто живуть на морському дні. Але деякі представники цього виду більше люблять товщу води, причому живуть такі тварини, як правило, на великих глибинах.

Часто зустрічається червоний восьминіг. Основним кольором цього виду восьминогів є пурпурно-коричневий, проте він може змінюватися.

Дихає восьминіг зябрами, проте може нетривалий час бути поза водою. У восьминога три серця: одне (головне) жене кров по всьому тілу, а два інших – зябрових – проштовхують кров через зябра. У восьминогів блакитна кров, бо у білку, що переносить кисень, є іони міді.

Восьминіг тягне в нору все, що знайде на дні, але житло своє утримує в чистоті: «підмітає» струменем води, недоїдки складає зовні на сміттєву купу.

Самиця влаштовує гніздо в норі або печерці на мілководді, де відкладає до 80 тисяч яєць. Вона завжди доглядає яйця: постійно вентилює їх, пропускаючи воду через так званий сифон. Щупальцями прибирає сторонні предмети і бруд. Протягом всього періоду розвитку яєць самиця залишається біля гнізда без їжі і трапляється, що вмирає з голоду. З яєць з'являються мальки, що зовні нагадують маленьких восьминогів, довжина яких ледь досягає 3 мм. Вони переносяться водою, як планктон, а потім осідають на морському дні, де продовжують рости.

Буває, що восьминіг селиться у ящиках, бідонах, шинах і гумових чоботях. При наближенні ворогів рятується втечею, ховаючись в міжгір'ях скель і під каменями. У восьминогів є захисне пристосування: схоплене ворогом щупальце може відірватися за рахунок сильного скорочення м'язів, які в цьому випадку самі себе розривають. Згодом щупальце відростає.

Восьминоги – хижаки. Полюють вони, як правило, в сутінках. Харчуються крабами, раками й молюсками, але зазвичай, їдять усе, що потрапить у поле зору. Помітивши здобич, спрут кидається на неї і хапає щупальцями-руками, вигляд у нього в цей час страшний: очі горять і весь він переливається різними відтінками. Така поведінка діє гіпнотично на жертву, вона завмирає і легко потрапляє в лапи чудовиську. Хоча восьминіг чудово плаває, свою здобич, як правило, ловить, захоплюючи її зненацька. Він здатний не тільки змінювати забарвлення, а й пристосовуватись до оточення.

У нього сильні рухливі кінцівки, озброєні двома рядами присосків, що служать для втримування слизької здобичі. Якщо здобич виявилась молюском у панцирі, то восьминіг розкриває його за допомогою рогової щелепи, схожої на дзьоб папуги, яка озброєна великою кількістю дрібних, але дуже гострих зубів.

Восьминіг – найрозумніший серед усіх безхребетних молюсків. Він має високорозвинений мозок і нервову систему розумної тварини. Він піддається дресируванню, має хорошу пам'ять, розрізняє геометричні фігури.

Найбільш розповсюджений звичайний восьминіг. Живе в теплих і помірних водах усіх океанів і більшості морів. У Чорному морі восьминогів нема.

Восьминіг має «таємну зброю» – чорнильний мішок, наповнений барвистою рідиною, що знаходиться в його тілі. При небезпеці він спочатку утворює чорнильну завісу, а потім нападає на ворога ззаду. Глибоководні восьминоги не мають чорнильної залози, зате у них є «ліхтарики» – спеціальні залози, що здатні випромінювати світло і служать для впізнання родичів або для відлякування ворогів.

Восьминоги, щоб сховатися від ворогів, можуть підлаштовуватися під колір води або ґрунту, змінюючи колір і текстуру своєї шкіри. Окремі восьминоги здатні імітувати морських організмів – медуз, скатів, креветок, крабів і багатьох інших, така здатність називається мімікрією.

Синьокільчасті восьминоги – найнебезпечніші у світі. У стані спокою тваринка зовні нічим не відрізняється від інших своїх нешкідливих маленьких (масою до 100 гр) побратимів. Але варто торкнути цього молюска, і він покривається яскравими дуже виразними, ніби палаючими, синіми кільцями. Яскраве забарвлення – це своєрідне попередження: «Не наближайся до мене, бо пошкодуєш!» Його отрута сильніша за отруту гримучої змії і кобри. Виробляють токсини симбіотичні бактерії, що мешкають в слинних залозах восьминога. Протиотрути не існує.

Синьокільчасті восьминоги поширені в теплих прибережних водах Тихого океану, від Японії до Австралії. Найчастіше селяться у верхньому шарі води, на глибині 5-8 м, хоча зрідка зустрічаються на глибинах аж до 75 м.

У виборі притулку для ночівлі синьокільчасті восьминоги мають вельми незвичну пристрасть – порожні пластикові пляшки, пивні та консервні бляшанки.

Скляний (прозорий) восьминіг. Дивлячись на нього, одразу і не зрозумієш, ким він є насправді. Практично безбарвне, повністю прозоре тіло та характерний неспішний вертикальний спосіб плавання вказують на те, що це медуза. Але зовнішній вигляд оманливий – це восьминіг, хоч і дуже незвичайний.

Желеподібне тіло цього молюска практично прозоре і, за винятком деяких внутрішніх органів, позбавлене кольорових пігментів. Все, що можна розгледіти крізь прозорий як скло тулуб – травну систему і значних розмірів мозок. Будова очей у прозорого восьминога також доволі незвичайна: розташовані на довгих тонких «ніжках» очі широко розставлені і спрямовані вгору.

Розміри скляного восьминога середні: довжина тіла до 45 см, маса – до 450 г. На кожному з восьми щупалець розташовані смакові рецептори, з їх допомогою молюск визначає придатність тієї чи іншої здобичі.

В кінці 20 ст. японці використовували головоногих для підняття цінних речей із затонулого корабля. Вони прив'язували восьминогів до довгих мотузок і опускали на глибину, в судно. Тварини, намагаючись відразу ж сховатися, забиралися в порцелянові вази і глечики, розкидані поблизу затонулого корабля. При піднятті їх на поверхню восьминоги міцно чіплялися за свій притулок, і їх витягали з глибини разом із цінним фарфором.

Мімічний восьминіг здатний з реалізмом імітувати морських тварин. Цю здатність тварина має завдяки своїм довгим щупальцям. Мешкає мімічний восьминіг у тропічних водах південно-східної Азії, в Індонезії і в Малайзії. Доросла особина досягає 60 см. Його можна впізнати по коричневих смужках і білих плямах.

Зазвичай, в екстремальних ситуаціях, мімічний восьминіг копіює зовнішність будь-якого хижака або ж, навпаки, «перетворюється» на тварину, якою хижак не цікавиться. У цього восьминога чудова пам'ять. Одного разу, зустрівши якусь тварину на своєму шляху, він через деякий час може з легкістю її імітувати. Мімічний восьминіг здатний визначати, яку тварину необхідно зобразити, в залежності від того, якого хижака він зустрів. Це надзвичайно розумна тварина. Вона навіть вміє зображувати пересування на людських ногах.

Мімічний восьминіг не має панцира, і все його тіло складається з еластичних м'язів. Цей спрут не отруйний, що іноді «вилазить йому боком», бо він стає легкою здобиччю для великих риб.

> *Живуть мімічні восьминоги недовго, не більше 2-х років. Після появи потомства вони гинуть. Викликано це особливими залозами, що виділяють рідину, «запрограмовану» на вбивство тварини. Якщо їх видалити, восьминіг проживе довше, але не їстиме і помре від голоду.*

Найбільший із восьминогів – **тихоокеанський восьминіг** Дофлейна, або ж гігантський восьминіг. Він досягає довжини 3-5 м (разом з довгими щупальцями) і маси до 50 кг.

Люди довго вважали цього восьминога небезпечним кровожерливим морським чудовиськом. Насправді це розумна, винахідлива, дивовижна і абсолютно нешкідлива тварина.

Дофлейна більшу частину дня проводить в розколині скелі або іншому затишному місці на дні моря, і на полювання виходить тільки вночі. Завдяки виштовхувальній силі води спрут може ходити по дну «на кінчиках пальців».

> *Маса восьминога-рекордсмена сягала 270 кг, а розмах «рук» – близько 9,6 м.*

Гігантський восьминіг з'їдає все, що здатний зловити і проковтнути. Помітивши поблизу здобич, восьминіг простягає до неї більшу частину «рук» і хапає. По периметру кожного диска-присоски розташовуються клітини-рецептори, що визначають їстівність того чи іншого предмета.

Восьминіг Дамбо названий на честь слоненяти Дамбо, персонажа мультфільму Уолта Діснея. Цей восьминіг має щось схоже на величезні вуха, які стирчать по обидва боки того, що схоже на голову. Все це виділяє Дамбо з «натовпу» інших восьминогів.

Живе восьминіг Дамбо на екстремальних глибинах, в 3 000-4 000 м, до того ж він надзвичайно рідкісний. Побачити цю істоту в глибинах океану не так просто: незважаючи на своє ім'я, восьминіг Дамбо «слонячими» розмірами не може похвалитися. Розповідають, що величиною він з половину людської долоні. Відомо тільки, що Дамбо зазвичай ширяє над морським дном у пошуках їжі, яка складається з хробаків, молюсків і всіляких рачків.

Він пересувається досить оригінально. У нього на тілі є спеціальні воронки, через які він вистрілює воду. Так і пливе. При цьому старанно допомагає собі «вухами», махаючи ними, як крилами. До речі, Дамбо може використовувати «реактивний двигун» і плавники разом або окремо. Тіло у восьминога желеподібне, форма його нагадує дзвін або розкриту парасольку. Тому, опинившись поза водою, він стає більше схожий на медузу з великими очима, ніж на восьминога.

Дамбо має плавники і перетинчасті лапки, які допомагають йому переміщуватися. На відміну від інших своїх родичів, він заковтує свою жертву повністю.

Амфітретус пелагічний – саме таку назву має єдиний у світі восьминіг з телескопічними очима. Його рідна стихія – тропічні води Індійського та Тихого океанів, де він веде розмірений спосіб життя, харчуючись глибоководним планктоном.

Напівпрозоре безбарвне тіло амфітретуса оснащене щупальцями і укладене в желеподібну оболонку, а верхню частину голови прикрашає пара телескопічних очей.

Амфітретусів не можна назвати глибоководними або придонними мешканцями – все своє життя вони «зависають» у пелагічній зоні (товщі води) двох океанів, але в товщі води розгледіти майже прозору істоту довжиною всього 9 см нелегко.

Каламоїхт калабарський

Каламоїхт калабарський (лат. Erpetoichthys calabaricus) – довгі, до 40 см у довжину, променепері риби, які обирають для життя нешвидкі річки і озера з прісною водою. Холодна вода не для них, тому на велику глибину каламоїхт калабарський не опускається, намагаючись триматися верхніх шарів, де вода прогрівається до 22-28 ° С. Вони мешкають в західній частині африканського континенту, від Нігера до басейну річки Конго.

Найбільшу активність каламоїхт виявляє в нічний час, полюючи на черв'яків, водяних комах і дрібних ракоподібних. Іноді він вибирається на полювання і вдень в надії поласувати залишками здобичі більш великих хижаків.

Щоб не зустрічатися з хижими рибами, вони нерідко піднімаються до самої поверхні води і навіть виставляють велику частину тулуба над водою, рятуючись від голодних переслідувачів.

На додаток до зябер у цих мирних риб є справжнісінькі легені, завдяки яким вони здатні дихати атмосферним повітрям і можуть якийсь час обходитися без води.

Незважаючи на досить великі розміри, каламоїхти калабарські дуже спокійні і неконфліктні істоти. Через свій м'який характер вони, мешкаючи в акваріумі, часто піддаються нападкам акваріумних забіяк і в боротьбі за їжу або затишне місце завжди опиняються «на других ролях».

Галактична сифонофора

За таємничість і фантастичну красу ці мешканки океанських глибин отримали назву галактичних сифонофор. Загін сифонофор (лат. Siphonophorae), стрекаючих морських тварин, близьких родичів медуз, вивчений добре, проте і в ньому є екземпляри, які трапляються на очі вченим вперше. Адже сифонофори живуть на таких глибинах (близько 1600 м) і в таких місцях, де саме виживання – подвиг.

У товщі води вона завжди зберігає спіральну форму, розправивши свої яскраво-червоні щупальця, як павук у павутині. Пурпурове забарвлення сифонофор – результат особливої рибної дієти, а вогники на щупальцях, що світяться в темряві, – біолюмінесцентні приманки, якими хижачки залучають здобич.

На відміну від морських тварин, які виробляють блакитне або зелене світіння, сифонофори мають вогники червоного кольору. Ці тварини вбивають здобич за допомогою отруйних клітин, які розташовані між волокнами пурпурової бахроми, що світиться.

Велел

Велел (лат. Velella velella) – самий незвичайний з усіх родичів медузи. У цього гідроїда, що мешкає практично у всіх теплих морях, є кілька назв, що повністю відображають його спосіб життя, – медуза-вітрильник, пурпурне вітрило, маленький португальський кораблик.

Велели плавають водною поверхнею океанів, переносячи за собою на невелику глибину поліпів, які прикріпилися до них. Співдружність крихітних хижаків (поліпів), що харчуються океанським планктоном, і медузи-парусника утворює гідроїдні колонії, в яких поліпи з'єднані між собою каналами. Завдяки цим каналам вся їжа, поглинена одним поліпом, стає доступною для всієї колонії. Довжина кожної велели в такій колонії не перевищує 7 см.

Іноді можна побачити одночасно тисячі медуз, що плавають на водній поверхні, погойдуючись на хвилях, а їх щупальця готові в будь-який момент захопити планктон.

Велели не мають власних органів для пересування і повністю залежать від напрямку і сили вітру. Однак не завжди вітер є їхнім другом – сильні пориви здатні викинути сотні і тисячі велелів на берег.

Гігантський стромбус

Гігантські тихоокеанські стромбуси багато в чому відрізняються від інших морських равликів. Навіть пересуваються вони морським дном не поповзом (у них немає підошви), а нібито підстрибом. Та й їх масивна раковина зовсім не сприяє тому, щоб її носили. Навпаки, завдяки довгим виростам по краях раковина стромбуса міцно впирається в пісок на дні океану, де молюск і проводить більшу частину свого життя.

Щоб зрушити з місця свій важкий «будинок», стромбус викидає вперед задню частину ноги, оснащену гострими зубчиками, розташованими у формі півмісяця. Встромивши її в пісок, він піднімає раковину і переставляє передню, більш широку частину ноги.

Харчується гігантський молюск водоростями, які завжди в надлишку, тому занадто метушитися у нього немає ніякої необхідності.

Веслоноси

Веслоноси (лат. Polyodon spathula), які отримали свою назву завдяки великому, незвичайної форми носу, борознили прісні води Китаю і Північної Америки ще з часів динозаврів.

Їх великий веслоподібний ніс вкритий особливими електричними рецепторами, які збирають інформацію про навколишній простір, в тому числі і про місця найбільшого скупчення планктону, яким саме і харчується ця риба. Крім сенсорної функції, ніс виконує роль своєрідного стабілізатора, допомагаючи важкій рибі зберігати рівновагу під час поглинання води – його форма і розміри діють аналогічно крилам авіалайнера, не дозволяючи голові веслоноса зі звисаючою нижньою щелепою заритися в пісок. Незважаючи на розміри носа, або рострума, які становлять близько третини всієї довжини риби, а також на його роль в пошуку їжі, веслоноси можуть чудово обходитися і без цього унікального органу. Риба з пошкодженим або навіть відсутнім рострумом цілком здатна прогодуватися і відчуває себе не гірше за своїх здорових побратимів.

Прісні води річок настільки багаті планктоном, що веслоносу досить просто відкрити рот і втягнути побільше води. Сотні пластин, що заповнюють його рот, подбають про те, щоб наповнити шлунок риби їжею.

Єдиний вид, який поки ще зустрічається в дикій природі, – американський веслонос, що мешкає в річках Північної Америки. Однак і тут популяція цих риб винищується швидше, ніж відновлюється. Це пов'язано з тим, що веслоноси, які живуть більше 50 років, дуже довго досягають статевої зрілості – самка здатна відкладати яйця, тільки досягнувши дев'ятирічного віку, а самці готові паруватися не раніше семи років.

Пік сезону парування припадає на початок весни, коли веслоноси збираються у великі групи і піднімаються вгору за течією, вибираючи місця з гальковим дном. Самки відкладають яйця один раз на 2-3 роки, просто розкидаючи їх по дну річки, і відразу ж забувають про їхнє існування.

З двох збережених видів веслоносів – китайський і американський, китайський відрізняється більш великими розмірами і навіть претендує на звання найбільшої прісноводної риби в світі. За деякими даними, відомі особи китайського веслоноса довжиною близько 7 м і вагою 450 кг.

Морський слимак

Морський слимак Costasiella usagi із загону мішкоязичних (лат. Sacoglossa) – володар неймовірно кумедної зовнішності. Природа ніби вирішила пожартувати, з'єднавши голову кролика з його їжею – салатним листям, і помістивши своє творіння на морське дно. Доповнюють образ дві чорні крапки у формі очей, що додають його зовнішності ще більшої комічності. Насправді ж ця істота – равлик без мушлі, і виростає вона всього на кілька міліметрів у довжину.

Золотистий крістіцепс

Золотистий крістіцепс (лат. Cristiceps aurantiacus) – невелика рибка, яка виростає до 22 см в довжину, що належить до сімейства лускатих собачок. Відмітна риса цього сімейства – широкі і жорсткі спинні плавники, довгастий тулуб з блискучою лускою і висувним ротом.

Вони тримаються поблизу бурих водоростей, які служать їм надійним укриттям. Звичне місце проживання золотистих крістіцепсів – скельні виходи, які оголюються під час відливу, а заглиблення в них заповнюються водою.

Цих вертких рибок дуже важко помітити в їхній звичайній обстановці, а за їх переміщеннями неможливо встежити.

Тулуб рибки немов переплітається з рудувато-зеленою травою і повністю з нею зливається. Спинні і грудні плавці, чубчик на голові, який надає схожості з папугою – все це способи маскування.

Золотисті крістіцепси вміють повзати дном на черевних плавцях, а в разі небезпеки, ні секунди не сумніваючись, вистрибують з води і навіть стрибають по скелях, щоб переміститися в сусідню, наповнену водою, скельну «ванну», куди їх переслідувач уже точно не дістанеться.

Золотисті крістіцепси водяться в теплих водах Тихого океану, біля південно-східного узбережжя Австралії і Нової Зеландії на глибині до 30 м.

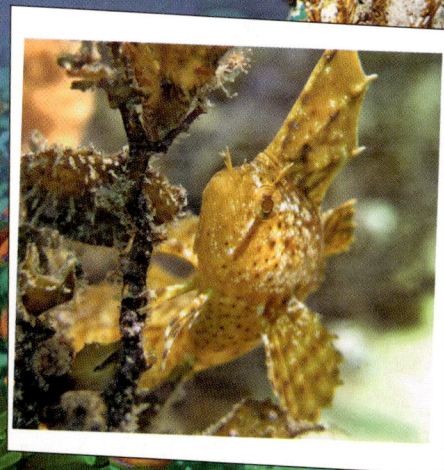

Чудовий камуфляж допомагає золотистим крістіцепсам не тільки благополучно уникати зустрічей з хижаками, а й успішно полювати на дрібних риб і рачків.

Критозябрець аллегамський

🦪 На дні невеликих водойм Північної Америки живе критозябрець аллегамський (лат. Cryptobranchus alleganiensis). Довжина його тіла може досягати 74 см.

🦪 Все своє життя критозябрець аллегамський проводить під водою в річках, зі швидкою течією, на мілких, порожистих, кам'янистих місцях. Але при цьому у нього немає зябер! Як же він дихає? Справа в тому, що під складками шкіри цієї істоти є безліч капілярів, які здатні поглинати розчинений у воді кисень. Отже, ця незвичайна амфібія дихає шкірою. Є у неї і легені, але використовуються вони в крайніх випадках.

🦪 Ця амфібія вдень ховається під корчами, а вночі виходить на полювання. Харчується дрібними рачками, хробаками, рибами, молюсками і жабами. Живе поодинці, зустрічаючись із протилежною статтю тільки в шлюбний сезон.

🦪 До розмноження ця тварина приступає в кінці літа. Для цього самець риє нірку і чекає, коли самка відкладе туди ікринки. Іноді до одного самця заходять «в гості» відразу кілька самок. Самець запліднює ікринки і три місяці охороняє від хижаків. Як тільки личинки вилупляться, він вважає свій обов'язок виконаним і пливе геть.

> *Критозябрець живе на нашій планеті вже більше 100 млн. років. І за весь цей час він практично не змінювався.*
> *Тривалість його життя становить 50 років.*
> *Це одна з трьох відомих гігантських саламандр у світі. Забарвлення її тіла зазвичай сірувато-жовте з розмитими чорними плямами, проте зустрічаються і повністю сірі особини.*

Бухтовий гребінець

🐚 Бухтові гребінці (лат. Argopecten irradians) – безперечні красені, що вражають поглядом відразу сотні блакитних очей. Так-так, ці блакитні крапки, розташовані по всьому периметру раковини, – не що інше, як майже п'ятдесят пар очей небесного кольору, що світяться.

🐚 Незважаючи на таку кількість очей, гребінці не можуть похвалитися хорошим зором – все, на що вони здатні, – це вловити рух на невеликій відстані і розпізнати пропливаючого поблизу хижака, наприклад, морську зірку або ската.

🐚 Гребінці харчуються фіто-і зоопланктоном, а ряди «зубів» насправді є рухливими щупальцями, які допомагають

> *Бухтові гребінці – одні з небагатьох двостулкових молюсків, які не закопуються в пісок. Вони лежать на дні і, періодично відкриваючи й закриваючи клапани за допомогою м'язів, збовтують воду навколо себе.*

фільтрувати воду. Кожна стулка раковини складається з 17-20 ребер, що закінчуються двома однаковими «вушками» з кожного боку. Забарвлення можуть бути найрізноманітнішими, а довжина гребінця зазвичай становить 6-8 см.

Розмножуватися бухтові гребінці починають у віці одного року, живуть не більше двадцяти місяців.

Тріска

Пересічним громадянам тріска уявляється як невелика риба, максимум до півметра завдовжки. Більшості людей вона відома як джерело делікатесів, в основному печінки, яка становить значну частину всієї ваги дорослої особини.

Промисел у значних масштабах поширений з другої половини 20 ст. Левову частку всієї виловленої тріски добувають країни Європи, що омиваються Атлантичним океаном. Це Данія, Норвегія, Великобританія, Нідерланди та інші. Не всі знають, але тріска може досягати пристойних розмірів, виростаючи до 2 м завдовшки і ваги 9 кг. Такі велетні зустрічаються не так уже й рідко у водах Гренландії на великій глибині, доживаючи до 25 років. Вилов гігантів – явище дуже рідкісне, тому що живе риба на великих глибинах 200-300 м.

Дорослі атлантичні особини не гребують канібалізмом. Відомі випадки, коли в спійманій 10-кілограмовій рибі знаходили іншу кілограмову тріску.

Харчується тріска іншою більш дрібною рибою, різними ракоподібними, молюсками і черв'яками. Тріска – риба, що живе зграями. Особи одного розміру збираються в незначні групи, які переміщаються в донних областях, полюючи на окунів. Більшість часу тріска проводить на дні. Але в гонитві за здобиччю і під час сезонних міграцій риба переміщається і в середні шари води, а іноді навіть у поверхневі.

Тріска віддає перевагу дуже холодній воді. Найбільш комфортними для неї є 1-4 градуси тепла. При підвищенні температури вона намагається знайти тінь, ховаючись в скелях або на глибині, куди не проникають теплі сонячні промені. Такі вподобання характерні абсолютно для всіх тріскових. Навіть прісноводний минь жирує і нереститься в суворі лютневі морози, а влітку впадає в коматозний стан, стаючи малорухливим через спеку.

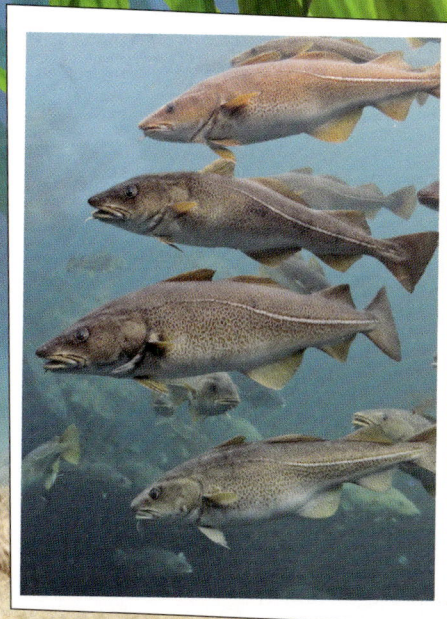

Європейський хек

Європейський хек або європейська мерлуза належить до сімейства хекових. Зазвичай він зустрічається на глибинах 150-400 м, хоча є дані про те, що риба може опускатися і на 1 000 м. Максимальна зареєстрована вага становила 15 кг. Довжина тіла може перевищувати 1,5 м.

Ця риба – нічний хижак. Протягом дня вона тримається поблизу дна на піщаних або мулистих рівнинах. З настанням сутінків підні-мається ближче до поверхні для полювання. Молоді особини європейського хека харчуються ракоподібними, але в міру росту акцент в їжі зміщується в бік дрібної і середньої риби. Дорослі ж особини взагалі не цураються поїдати своїх родичів, хоча якогось яскраво вираженого канібалізму немає.

Великі особини європейського хека можуть полювати не тільки на пелагічну рибу, а й на корінних мешканців дна. Улюблена здобич євро-пейського хека – вугор черноперий чаклун, який так само є мешканцем Атлантичного океану і Середземного моря.

Розмноження європейського хека триває з весни до осені. Риба мече ікру не всю відразу, а невеликими порціями, близько до поверхні води. Ікра ширяє в товщі води, поки не дозріють личинки. Вони (личинки) так само залишаються на поверхні, поки з них не утворюються мальки, які з часом опускаються на дно і переходять до придонного способу життя.

Перед весняним нерестом хек утворює великі скупчення. У цей час його ловлять донними тралами, в основному біля берегів Північно-Західної Африки, біля берегів Португалії, Ірландії та в Біскайській затоці. Неконтрольований промисел європейського хека серйозно скоротив його популяцію за останні десятиліття.

Триголкова риба-жаба

Триголкова риба-жаба – це унікальна єдина риба, яка вміє співати по-пташиному. Вона мешкає в рифах західного Тихого океану і заболочених місцях мангрових заростей.

Своє ім'я ця хижа риба отримала через різкі звуки, які вона здатна видавати. Швидше за все, ці звуки дуже схожі на гудіння або бурчання, ніж квакання, і призначаються вони, в першу чергу, для відлякування ворогів або, навпаки, для залучення партнера в момент шлюбних ігор.

Лінійні звуки характерні своєю регулярністю: їх хвилі можна зобразити звичайною синусоїдою. Нелінійний звук виглядає як накладення двох хвиль і являє собою більш складний сигнал – так, якби риба-жаба співала в два горла. Така властивість є у пісень, які виконують птахи, голосів окремих ссавців і у криків немовлят.

Аайрон Райс, коли записував «вокальний спів» 3-ох триголкових риб-жаб, зауважив, що звукові хвилі їх співу мають незначні ділянки, дуже схожі на перешкоди. З'ясувалося, що це і є ті самі нелінійні коливання. Ним було зроблено ще 1 200 записів їх «пісень», з яких 38% мали нелінійні властивості. Створилося враження, ніби риба володіє двома різними голосами. Виявилося, що риби-жаби мають двоголосий спів завдяки специфічному плавальному міхуру.

Він не тільки забезпечує рибам плавучість, а також є звуковим резонатором. У триголкової риби-жаби ця бульбашка розділена надвоє, а кожна з половинок працює за рахунок 2-ох окремих нервових м'язів. Ось і виходить, що риби-жаби можуть грати відразу на двох інструментах. Вченим тепер належить дізнатися найцікавіше: як же інші риби сприймають такі складні звуки, і що за послання вони намагаються передати таким чином.

Риби-клоуни і оселедці теж можуть видавати звукові сигнали, але триголкові риби-жаби відрізняються від них, видаючи нелінійні, складні звуки.

Основну частину часу риба-жаба проводить на дні в очікуванні здобичі: завдяки своєму камуфляжному забарвленню вона чудово зливається з навколишньою місцевістю і дуже нагадує звичайний камінь.

Макрель-змія

Макрель-змія має дивну зовнішність. Тіло риби сильно стиснуте з боків, надзвичайно довге, з витягнутим по всій довжині невисоким спинним плавцем. На спині два плавця. Якщо перший – довгий і колючий, то другий – більш м'який і високий. Він розташований далеко позаду тіла макрелі, майже біля самого хвоста. Взагалі плавці у цієї тварини не сильно розвинені. На довгому витягнутому тілі вони виглядають невиразно, тому змія-макрель більше нагадує плазуна, ніж рибу. Голова риби має страхітливий вигляд. Нижня щелепа сильно висунута вперед. Обидві щелепи забезпечені гострими зубами. На верхній щелепі передні зуби сформувалися у великі ікла. Вони не дозволяють пащі повністю закриватися.

В її раціоні є ланцет-риба, що дивно, оскільки вона сама є великим хижаком. Це лише підтверджує агресивність макрелі-змії.

Макрель вирізняється дуже лютою вдачею. Ця риба – справжня гроза дрібноти, яка снує біля поверхні. Подібно баракуді вона «розрізає» воду, врізаючись у зграю скумбрії.

Гребневик бероє

Гребневик бероє (лат. Beroe abyssicola) – мешканець океанських глибин і ненажерливий хижак. Гребневики бероє мешкають у східній частині Тихого океану і у всіх арктичних морях. Зовні вони нагадують медуз.

На відміну від медуз, у гребневиків немає щупалець, а більшість життєво важливих функцій виконують зрощені між собою вії, що утворюють якусь подобу гребеня. З їх допомогою гребневики легко пересуваються в товщі води.

Вії також служать і для захоплення здобичі, яка складається з личинок морських організмів, дрібних ракоподібних та гребневиків з інших видів. Канібалізм – природний спосіб життя гребневиків бероє.

Його тулуб є напівпрозорим мішком, що світиться, велика частина якого припадає на величезний рот. Спіймана у нього жертва заковтується цілком, а за її пересуваннями всередині хижака можна стежити крізь систему прозорих травних каналів.

Гребневики бероє – гермафродити. Готова до розмноження особина викидає яйця прямо у воду, де і відбувається їх запліднення. Яйця перетворюються на зародків, а потім – на личинок, які згодом трансформуються в дорослих гребневиків.

Крапчастий звіздар

Крапчастий або північноамериканський звіздар живе у водах східного узбережжя США на глибині до 100 м (зазвичай 7-40 м), тримаючись біля самого дна, закопуючись майже повністю в пісок. На поверхні дна залишаються лише рот і очі, що постійно дивляться нагору (звідси ж і назва «звіздар»). Зарившись, він стає практично невидимим.

У риби темне товсте тіло, покрите невеликими білими цятками, через які рибу і називають «строкатим» або «крапчастим» звіздарем. Голова велика, добре «броньована» міцними кістковими пластинами. Масивна нижня щелепа і вирячені, близько посаджені очі крапчастого звіздара, а також звичка шокувати свою жертву електричним розрядом роблять його не найбільш привабливим мешканцем Атлантичного океану. Виростає він до 50 см, а маса може досягати 9 кг. Розташувавшись у засідці, хижак терпляче вичікує свою здобич – дрібну рибу і ракоподібних. Швидко плавати, а тим більше переслідувати здобич крапчастий звіздар не в змозі, тому нападає тільки тоді, коли жертва наближається впритул. Широко розкриваючи пащу, риба засмокче жертву в свій величезний рот. Подібним чином полюють практично всі риби з сімейства звіздаревих.

Щоб відкласти дрібні прозорі ікринки, звіздарі опускаються на саме дно, а ікринки, що з'явилися, навпаки, роблять довгий шлях на поверхню води. Тут вони будуть плавати доти, доки не перетворяться на мальків довжиною 12-15 мм. За цей час вони встигнуть потемніти і відростити над очима особливі органи, що виробляють електричний заряд, а потім знову опустяться на дно, де і перетворяться на дорослих крапчастих звіздарів.

На відміну від інших електричних риб, таких як електричні вугри, скати і соми, у крапчастих звіздарів повністю відсутні електрорецептори – органи, що дозволяють приймати електричні сигнали із зовнішнього світу.

Звіздар може бити своїх жертв і ворогів електричним розрядом. Позаду очей у нього знаходяться електричні органи, здатні виробляти струм потужністю до 50 Вт. Цього недостатньо, щоб убити жертву або прогнати ворога, але як інструмент дезорієнтації працює прекрасно.

Кити

Багато в чому кити гідні звання «най-най»: вони найбільші, найвитриваліші і найненажерливіші ссавці, які до того ж уміють співати. Але кити позбавлені нюху і дуже погано бачать.

Кити і всі китоподібні, швидше за все, в процесі еволюції спочатку вийшли з води, а потім знову туди повернулися. Сталося це приблизно 50 млн. років тому. Вважається, що китоподібні походять від наземних тварин, а саме парнокопитних ссавців, які близько 50 млн. років тому населяли території сучасної Азії та Середземного моря. Найстародавнішим предком китів була тварина індохіус, розміром з кішку. Істота вела як наземний спосіб життя, так і водний. Поступово предки китів почали пристосовуватися до життя у воді і з часом взагалі перестали виходити на сушу. Внаслідок цього їхні тіла стали обтічними, а передні кінцівки поступово перетворилися на плавці. Волосяний покрив і задні кінцівки зникли, натомість розвинулися хвіст і підшкірний жир. Є версії, що це заперечують. Проте беззаперечним є факт, що предками китів були ссавці, які спочатку жили на землі.

Про те, що кит – не риба, а ссавець, було відомо вже в античності. Це стверджував Арістотель. Кити дихають повітрям за допомогою легенів, є теплокровними, годують дитинчат молоком з молочних залоз і мають деяку (хоча і досить незначну) шерсть.

У китів немає зовнішніх вух, вони чують нижньою щелепою. Від неї звук іде по особливій западині до середнього і внутрішнього вуха. Кити постійно прислухаються, тому що звук дає їм можливість орієнтуватися, спілкуватися між собою і харчуватися, хоча точне призначення звуків, які видають кити, досі не з'ясовано.

Самки китів виношують дитинчат 11 місяців, «малята» народжуються довжиною близько 7,5 метра і вагою 2-3 тонни. Приблизно до семи місяців китеня харчується материнським молоком, щодня випиваючи близько 380 літрів. Молоко кита жирніше коров'ячого в 10 разів і майже втричі багатше білком, що сприяє швидкому розвитку дитинчат. За цей час китенята виростають до 16 м у довжину і важать 23 тонни. Статевої зрілості кити досягають у 2-6 років. Тривалість життя тварин 30-50, а подекуди

Хвости китів індивідуальні, як відбитки пальців у людини. Розрізи і борозни, шрами, плями бурих водоростей створюють на хвостах китів неповторні малюнки.

й більше років. Тримаються вони сім'ями або невеликими стадами.

У китоподібних легені з ротовою порожниною не пов'язані. Тварина вдихає повітря, піднявшись на поверхню води: легені наповнюються повітрям, яке нагрівається і насичується вологою. Коли кит спливає на поверхню, він з силою видихає повітря, і воно, стикаючись із холодним зовнішнім, утворює так званий фонтан.

Кити поділяються на вусатих і зубатих. Вусаті кити замість зубів мають китові вуса, які застосовуються для фільтрації з води планктону, ракоподібних та дрібної риби. Китовим вусом називають рогові пластинки на верхній щелепі тварини. В залежності від виду та розмірів кита таких пластинок може бути до 800, довжиною від 20 до 450 см. Пластини розщеплені на довгі тонкі щетини і являють собою фільтр. У вусатих китів є вібриси – поодинокі волоски для дотику. До вусатих належать кити, які живляться переважно зоопланктоном і дрібною рибою.

До китів не зараховують дельфінів та морських свиней. Натомість китами часто вважають косаток та гринду (через великий розмір), які насправді належать до дельфінів. Ось така «закручена» класифікація виходить.

Найбільший кит, а відповідно, найбільший ссавець планети – синій кит. Самка синього кита завжди більша самця. У нього величезне, струнке і витягнуте тіло довжиною до 30 м, вага від 30 т і більше у дорослої тварини і 5-15 т у новонародженого «малятка». Голова зверху широка і рівна, із сильно вигнутою в сторони нижньою щелепою. З кожного боку верхньої щелепи кит має чорні пластини («китовий вус»). Тіло синювато-сіре з сірими плямами різної величини і форми. Голова і нижня щелепа темні, спина і боки світліші.

Щодня дорослий синій кит поглинає до тонни криля – невеликих рачків. Взагалі ж кити їдять невеликих риб, каракатиць і планктон.

Зазвичай сині кити тримаються по 2-3 разом, іноді поодинці. Мешкають далеко від берегів.

Кити можуть не спати три місяці, не їсти вісім, не дихати до двох годин і при цьому долати гігантські відстані до декількох тисяч кілометрів.

Уявіть собі, що на язику синього кита може вміститися близько 50 чоловік. А серце кита, розміром з невеликий автомобіль, важить 600-700 кг і по судинах діаметром з відро перекачує близько 8 тисяч літрів крові.

Кит фінвал за розміром на другому місці серед тварин планети після синього кита. Існують навіть гібриди між цими видами.

Вчені виділяють 2 підвиди фінвалів: північний і південний. Ці популяції майже ніколи не зустрічаються через відмінності пір року в півкулях. Північного фінвала ще називають оселедцевим китом.

Верхня частина тіла фінвала має темно-коричневий або темно-сірий окрас, а нижня частина – біла. Окрас голови з правого боку набагато світліший, ніж з лівого. За цією ознакою можна безпомилково визначити фінвала.

На череві тварини є від 70 до 90 поздовжніх смуг, що є характерною ознакою смугачевих (це така родина китів).

Ці тварини спілкуються за допомогою звуків. «Пісні» фінвала дещо нагадують звуки флейти.

Перед пірнанням фінвал пускає серію вузьких одноструменевих фонтанів висотою до 10 м. Фонтан супроводжується гучним свистячим звуком.

Фінвали поширені в усіх океанах світу. Влітку ці тварини мігрують у північні широти: в Антарктику та Арктику, а взимку в більш теплі – субтропічні. Кожен фінвал, мігруючи з місця нагулу до місць розмноження і назад, пропливає близько 20 000 км. Мігрують фінвали великими скупченнями – до 100 особин.

Фінвали, як правило, живуть поодинці, іноді – парами. За швидкістю пересування цей кит випереджає інші види. Він може розвивати швидкість до 50 км/год. Також він значно глибше пірнає – до 230 м. Фінвали можуть проводити під водою без повітря 15 хвилин.

При годуванні рибою фінвал кружляє навколо косяка на високій швидкості, збиваючи його в компактну кулю, а потім ковтає здобич. У літню пору фінвал з'їдає до 2 тонн їжі кожен день!

Під водою фінвал пересувається швидше, ніж інші великі кити. Швидкість ходу фінвалів, які пасуться досягає 5-8 км/год, наляканих – майже 25-30 км/год (в момент ривка, можливо, до 40-50 км/год).

Фінвали відрізняються від інших китів і за способом пірнання: вони згинають тіло дугою, високо піднімаючи хвіст над рівнем води.

Свою назву горбатий кит (горбач) отримав через товстий спинний плавець, який нагадує горб. Втім, така «вада» зовнішності у нього не єдина. За заднім краєм голови китова спина утворює ще одну опуклість. Обидва горби стають ще більш видимими, коли горбач пірнає: він сильно згинає тіло, виставляючи над поверхнею води горбоподібну спину. Горбач належить до тієї ж родини смугачевих, що й синій кит та фінвал. У цій компанії він виглядає невеликим – звичайна довжина дорослого горбатого кита складає рівно половину довжини синього.

Крім розмірів, горбач відрізняється від своїх родичів статурою: його силует коротший, масивніший, майже третину довжини тіла становить голова. Образ доповнюють надзвичайно довгі (теж близько третини довжини тіла) грудні плавці, за які він отримав родове ім'я Megaptera – «величезнокрилий». Горби, нарости, груба фактура є «фірмовим» стилем горбача.

Забарвлення спини і боків чорне, темно-сіре, іноді з домішкою коричневого, але завжди темніше, ніж у інших смугачевих. Черево може бути і чорним, і плямистим, і майже білим, але світлі тони, як правило, переважають. Уздовж нього від нижньої щелепи до хвоста йдуть смуги-складки – родова ознака, за яку вся родина отримала свою назву. Портрет довершують ряди округлих шкірних наростів розміром з половинку апельсина, що йдуть від кінчика морди до дихала і уздовж краю нижньої щелепи. Це гігантські волосяні цибулини, а товсті жорсткі «стебла», які з них стирчать – все, що залишилось від шерсті, яка вкривала колись тіло предків китоподібних.

Горбача прозвали «веселим китом». Серед родичів ці кити найбільш грайливі. Вони луплять по воді плавниками і хвостом, перекочуються через спину, стовпчиком виринають з води, а потім з гуркотом валяться спиною вперед. Нерідко кити з розгону повністю вистрибують із води і перевертаються у повітрі спиною вниз, а часом навіть виконують «мертву петлю» – цілком рядовий трюк для дельфіна, але уявіть, як це виглядає у виконанні тридцятитонного велетня!

Інша унікальна особливість горбачів – їх «пісні». Важко назвати по-іншому ці правильно організовані послідовності низьких мелодійних звуків тривалістю від 6 до 35 хвилин. Репертуар звукових сигналів у горбачів досить широкий, ними користуються і самці, і самки, але «пісні» співають лише самці. Оскільки найчастіше вони вдаються до цього на зимівлях, де зайняті переважно встановленням відносин з протилежною статтю, природно було б припустити, що «пісні» – засіб сподобатись самкам. Однак прямих підтверджень цьому немає. Більше того, виявилось, що самці часто співають групами і що «пісні» можуть лунати, навіть якщо жодної самки поблизу немає. Але як би там не було, їх «спів» – не безглузді звуки. Дослідження довели, що ці «пісні» складаються з окремих «слів», організованих у «фрази» і «висловлювання».

Найдавніші ссавці, котрі досі живуть на нашій Землі, – це сірі кити, вік виду налічує близько 30 млн. років. Сірий вусатий кит також має назву каліфорнійський.

На морді сірий кит, як і його родичі, має вібриси. Пластини китового вуса невеликі. Спинного плавника у тварини немає, тільки невеликий горб, від якого в бік хвоста тягнуться кілька менших горбків. Шкіра переважно буро-сірого (іноді – чорно-бурого) кольору, покрита численними світлими плямами, – результат прикріплення до неї ектопаразитів.

Основу живлення кита становить не планктон, а різноманітні дрібні донні тварини.

Випливаючи на поверхню, кит пускає роздвоєний фонтан. Для орієнтації на місцевості, він вертикально виставляє свою голову з води. Ще одна особливість цих ссавців – здатність обсихати на березі, чекаючи припливу. Там же, на мілководді, вони рятуються від своїх природних ворогів – косаток. Але найбільшої шкоди сірим китам завдають люди: в минулому – своїм промислом, а зараз – індустріальною діяльністю і забрудненням океану.

Сірі кити здійснюють найтриваліші міграції. Щоосені кити пропливають кілька тисяч кілометрів від своїх пасовищ у Беринговій протоці і Чукотського моря до півострова Каліфорнія, де розмножуються. У лютому вони збираються назад. Під час цієї тримісячної подорожі кити лише зрідка зупиняються для сну.

Кит і кашалот – брати, якщо не рідні, то двоюрідні. Вони належать до одного біологічного загону китоподібних. А ось далі їх шляхи-дороги розходяться. Бо кашалот– найбільший зубатий кит.

Кашалоти, на відміну від китів, завжди стадні тварини. Нерідко дослідники фіксують скупчення цих морських мешканців чисельністю в кілька сотень. А от плавають вони повільніше: швидше 35 кілометрів на годину кашалоти пересуватися не можуть (або дослідники не зафіксували більшої швидкості). Однак свою відносну повільність вони компенсують чудовими здібностями до пірнання. Відомо, що кашалоти легко занурюються на глибину близько 1,5 км, а окремі рекордні «пірнальники» досягають ще значніших результатів – 2,5 або навіть в 3,5 км!

Кашалоти – тварини більш теплолюбні, ніж кити, і в арктичних або антарктичних водах не зустрічаються. Стадне проживання виробило певні соціальні навички, тому добувають їжу тварини спільно. Кашалот – повноцінний хижак, який наздоганяє і заковтує здобич, і тут допомога братів важлива.

Розмірами він сильно поступається великим китам. Найбільшим спійманим кашалотом був самець довжиною 20 м і масою не більше 50 тонн. Самки значно менші за самців. Основою раціону є кальмари, в тому числі гігантські, які нерідко мало поступаються кашалотам у розмірі.

Зубаті кити, на відміну від своїх родичів, мають у своєму арсеналі від 1 до 240 зубів. Зубаті кити мають 4 родини (кашалотові, річкові дельфіни, дзьоборилі та дельфінові).

Сейвал, сайдовий або івасевий кит отримав свою назву від улюбленого корму – риби сайди. Саме цю рибу найбільше любить сейвал. Як і інші кити, сейвали обирають самотність, повільно рухаючись по морю.

Сейвал не може занурюватися глибоко під воду, пірнаючи максимум на 20 хвилин і йдучи на глибину до 300 м. На цій глибині він полює на головоногих молюсків. На відміну від своїх близьких родичів сейвал не піднімається високо над водою, тому помітити його на відстані непросто.

Білуха або білий кит – ссавці сімейства дельфінів. Мешкає в арктичних водах Північного Льодовитого океану.

Білуха має майже білу шкіру без малюнків. Тільки молоді особини, які нещодавно народилися на світ, мають темно-синю шкіру, яка з часом світлішає до сірого, а потім і до білого. Виростають вони до 6 м в довжину і до 2 тонн ваги.

Тварини ці «компанійські», збираються у зграї до тисяч особин в період годування.

Народжуються білухи біля берегів і проводять в місці свого народження більшу частину життя. Вчені встановили, що білуха пам'ятає місце свого народження, періодично повертаючись туди. На березі білухи качаються по гальці, щоб відлущити змертвілу шкіру. Шкіра з ущільненим шаром епідермісу (до 15 мм товщини) захищає білух від пошкоджень при плаванні серед льодів. Від переохолодження їх рятує шар підшкірного жиру до 10-12 см товщини.

У літню пору вони тримаються на мілководді через велику кількість їжі і теплої води, а взимку йдуть на північ до дрейфуючого льоду. Зимівля проходить у краю крижаного покриву, хоча тварини можуть пропливати під льодом кілька кілометрів, дихаючи через ополонки. Щоб ці ділянки відкритої води не замерзали, білухи проламують кірку льоду, яка може досягати 10 см.

Але все ж таки ризик задихнутися або вчасно не знайти ополонку залишається, і для деяких білух зимівля закінчується трагічно. Так само взимку білухи становлять інтерес для білих ведмедів, які глушать тварин через тонкий лід. Білуха містить багато жиру і для ведмедів така здобич – винятковий успіх.

Перемовляючись між собою безліччю звуків і навіть використовуючи міміку, білухи підтверджують статус дуже кмітливих тварин. Вони легко дресируються і широко представлені в дельфінаріях по всьому світу, де влаштовують справжні вистави.

Незважаючи на те, що білухи більшу частину часу проводять, добуваючи собі їжу (до 16 годин на добу), вони знаходять час, щоб погратися в доганялки. Вченими встановлено, що, крім звуків, для білух ще характерні і дотики двох особин один до одного. Цим вони показують своє дружнє ставлення, а також використовують погладжування в якості весільних ігор.

Риба-тринога

Риба-тринога (лат. Bathypterois grallator) – одна з найбільш глибоководних риб у світі, що живе на глибині від 1 000 до 6 000 метрів. Вся інформація про цю дивовижну істоту, відома на сьогоднішній день, була отримана шляхом багаторазових занурень на океанське дно. І перше, що з'ясували вчені – ця риба дійсно дуже схожа на штатив або триногу.

«Bathypterois grallator» – наукова назва цієї риби. Вона походить від грецької та латинської мов і буквально означає «перистий» («pterois»), «той, хто ходить на ходулях» («grallator»).

Як і в інших мешканців екстремальних глибин, у риби-триноги дуже маленькі очі, які вона майже не використовує за непотрібністю. Спираючись своїми довгими кістлявими променями, що ростуть з хвоста і грудних плавників, на мулисте океанське дно, риба-тринога завжди звернена проти течії. Такий прийом дозволяє їй без особливих зусиль поглинати креветок, дрібних риб і ракоподібних, які протягом заносить прямо в рот триноги, котра стоїть в очікуванні здобичі.

Риба-тринога – гермафродит. Не знайшовши собі партнера для розмноження, вона самостійно відкладає ікру.

Очі цієї риби розвинені слабко і в процесі полювання не беруть участі. Риба використовує довгі передні грудні плавці, щоб знаходити здобич. Діють вони як руки, постійно обмацуючи простір навколо себе. Піймавши будь-який предмет і визначивши, що він їстівний, риба-тринога відправляє його прямо в завжди відкритий рот з найдрібнішими голкоподібними зубами.

При невеликих розмірах тіла (близько 30 см) промені-плавники цієї риби можуть досягати в довжину більше метра. При уявній твердості і жорсткості довгих плавників, здатних утримувати рибу, яка стоїть на дні проти течії, насправді вони досить гнучкі і рухливі, дозволяючи тринозі вільно плавати у воді.

Риба-тринога - м'ясоїдна тварина . У її раціон входять дрібні ракоподібні, креветки, риба і зоопланктон.

Листяний морський дракон

○ Листяний морський дракон, або морський пегас чи морський коник-ганчірник (лат. Phycodurus eques) – риба, яку називають так за фантастичне «оперення». Зустріти листяного морського дракона можна лише в одному куточку Землі – біля південних берегів Австралії, зазвичай вони водяться на мілководді, обираючи воду помірної температури.

○ Найчастіше ганчірників можна зустріти на глибинах 4-30 м біля скель з багатою рослинністю або біля скупчень морської трави, де вони вибирають малоосвітлені місця із чистою водою. Рибки не люблять залишати облюбовані куточки і, коли все-таки відправляються в далекі подорожі на кілька сотень метрів, потім завжди повертаються «додому».

○ Подібно до свого родича морського коника листяний дракон отримав свою назву через схожість з іншою істотою (хоча і казковою). Його розміри «не дотягують» до справжнього дракона,

Молодняк після появи на світ повністю наданий самому собі. Лише 5 % новонароджених стануть дорослими 2-річними особинами, які назавжди залишаються в рідних пенатах. І це не дивно, адже збоку здається, що морські дракони взагалі не пересуваються.

але в порівнянні з морським коником це справжній велетень, він виростає від 20 до 45 см.

○ Напівпрозорі зеленуваті плавники цілком покривають його тільце і постійно колишуться від руху води, немов листя від подуву вітру. Хоча ці відростки і схожі на плавці, в плаванні вони участі не беруть, служачи для маскування (як при полюванні, так і для захисту від ворогів). А рухається листяний дракон за допомогою грудного плавця, що знаходиться на гребені шиї, а також спинного плавця в районі кінчика хвоста. Ці маленькі плавці майже повністю прозорі, їх дуже важко розгледіти, адже вони колишуться всього раз на хвилину, забезпечуючи повільне погойдування дракончика на хвилях, створюючи ілюзію плаваючих водоростей. Дракон може змінювати колір «листя»: забарвлення змінюється в тон

морському пейзажу, залежить від їжі, віку, місця проживання і навіть стресу!

Дорослим особинам морського дракона практично не загрожують хижаки – настільки добре він маскується під пучки водоростей, але мальки набагато більш уразливі, і досягти зрілості вдається лише 5% кладки. Головна природна небезпека для підрослих ганчірників – шторми, адже, на відміну від морських коників, вони не можуть міцно хапатися хвостом за водорості і траву, і під час штормів їх іноді викидає на берег.

Незважаючи на свої розміри і нешкідливий зовнішній вигляд, листяний морський дракон є хижаком. У його раціон харчування входять креветки і дрібна рибка, яких беззубий дракон просто засмокче. На «безриб'ї» він може поласувати водоростями і різним морським сміттям.

Не маючи зубів, морський дракон ковтає їжу цілком (до 3 000 креветок на день).

Ганчірники здатні довго залишатися на одному місці (до 68 годин нерухомого положення), але іноді вони відправляються в плавання, долаючи за годину близько 150 м.

Але незважаючи на малу рухливість, він навчився добре захищатися від природних ворогів. Цьому сприяє зеленувате листоподібне оперення плавників морського дракончика, яке дозволяє йому не виділятися. Дракон прикріплюється до рослини і гойдається разом з нею – так рибка стає ще більш непомітною для хижаків.

На відміну від морських коників, у самців морських драконів немає виводкової сумки. Самки драконів відкладають до 120 рубіново-червоних яєць, які потім запліднюються і прикріплюються в спеціальному місці під хвостом у самця. Під час вагітності пари щоранку наближаються одна до одної і влаштовують щось на зразок танцю любові зі зміною кольору шкіри в бік більш яскравих відтінків. Проходить 4-8 тижнів, і на світ з'являються маленькі дракончики (точні копії дорослих).

Менш знаменитий трав'яний морський дракон (Phyllopteryx taeniolatus) схожий на свого листяного побратима, але жовті та червоні відростки його тіла непоказні і нагадують бур'ян – звідси і назва.

Морський нетопир

Морські нетопирі – одні з найкумедніших підводних істот. Відмітною особливістю у них можна назвати пухкі губи. З першого погляду ця істота і на рибу не дуже схожа. Ну а те, що риба і не вміє плавати, робить морського нетопиря унікальним створінням природи. В процесі еволюції плавці повністю втратили здатність підтримувати рибу на плаву, тому їй доводиться пересуватися морським дном поповзом. Хоча і повзають вони з великим небажанням – як правило, морські нетопирі проводять своє дозвілля, просто пасивно лежачи на дні, чекаючи свою здобич або принаджуючи її спеціальною «цибулиною», що росте прямо з голови. Встановлено, що ця «цибулина» не є фотофорою і не приваблює здобич своїм світлом. Навпаки, у цього відростка інша функція – він поширює навколо свого господаря специфічний запах, який приваблює дрібну здобич.

Це досить поширена тварина, що населяє морські й океанічні води тропіків і субтропіків. Живе риба на глибинах від 200 до 500 метрів. Бувало, що морський нетопир оселявся на глибині 1 000 метрів!

Зовні нетопирі дуже схожі на скатів. Для них так само характерні велика кругла (або трикутна) голова і маленький хвіст при практично повній відсутності тіла. Розміри у цих підводних мешканців невеликі – тіло виростає до 35 см. Будова у риби непропорційна: голова помітно виділяється на тлі тулуба і хвоста. Шкіра у цих істот гола, з м'якими виростами і жорсткими гострими шипами. Забарвлення у цих риб непримітне, тіло має, в основному, сірий або коричневий відтінок, іноді з цятками. Однак зустрічаються і більш строкаті підвиди, «пофарбовані» в жовтий колір.

На жаль, сучасні вчені не мають достатньо інформації про процес виведення потомства. З достовірних фактів є, мабуть, тільки те, що морські нетопирі відкладають дрібну ікру, що має клейку желеподібну субстанцію. Свою кладку риби прикріплюють до нерухомих підводних предметів: листя, каміння і т.д. Відклавши ікру, дорослі особини більш не піклуються про подальшу долю своїх «дитинчат».

Ці риби люблять вести одиночний спосіб життя. Вони вибирають для себе невелику ділянку дна, в межах якої пересуваються і полюють. Хоч вигляд у морських нетопирів і не зовсім доброзичливий, вони на рідкість нешкідливі істоти, хоча і є хижаками. Але на своїх жертв вони не полюють, а просто ліниво чекають їх у засідці, іноді принаджуючи особливим вусиком.

Морський нетопир практично не має ворогів. Панцир служить нетопирю як захисний «одяг» від великих хижих глибоководних мешканців. Тільки міцні зуби сильного хижака можуть розламати панцир, щоб дістатися до м'яса риби. До того ж виявити в темряві нетопиря не так-то легко. Крім того, що риба плоска і зливається з навколишнім ландшафтом, так ще і колір її панцира повторює колір морського дна, та й навряд хтось із підводних мешканців захоче наштовхнутися на гострий шип цієї дивної риби, тому і обходять її стороною.

Мегалодікопія

Мегалодікопія (лат. Megalodicopia hians) – незвичайна морська мешканка, яка входить в підтип найпростіших хордових тварин, покривників. На відміну від своїх миролюбних родичів, мегалодікопія – ненажерлива хижачка. Один з її сифонів трансформувався у величезний, як капюшон, рот, в якому безповоротно пропадають рачки і зоопланктон, що пропливає повз.

Незважаючи на свою примітивність, хижі покривники на сходинках еволюції стоять ближче до людини, ніж до морських губок, черв'яків та інших мешканців морських глибин. Деякі вчені навіть вважають, що мегалодікопії можуть бути давніми предками людини, що з'явилися понад 550 мільйонів років тому.

Мегалодікопію ріднить з людиною наявність хребта і мозку. В стадії личинок вони плавають в товщі води, підшукуючи зручну скелю, щоб закріпитися там на все життя. Ймовірно, для цього їм і потрібен мозок, але тільки тимчасово. Знайшовши відповідне місце і міцно закріпившись, покривники позбавляються від свого мозку. Біологи вважають, що він розсмоктується через непотрібність або мегалодікопії з'їдають його. Як би там не було, але у дорослих хижих покривників, які ведуть осілий спосіб життя, мізків уже не спостерігається.

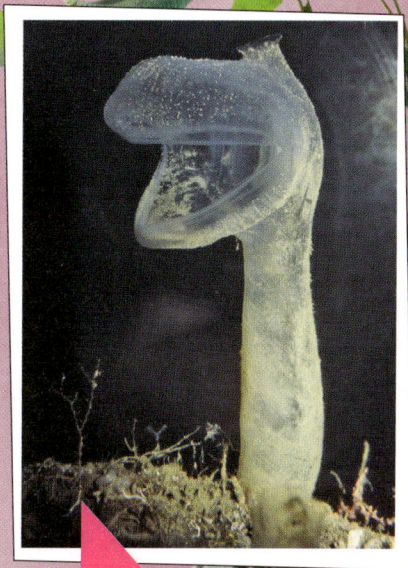

Мегалодікопіі – гермафродити, здатні виробляти як сперму, так і яйцеклітини. А в разі відсутності партнерів цілком можуть розмножуватися без сторонньої допомоги. Доросла мегалодікопія також може повністю відновитися з мікроскопічної частинки тулуба всього за два тижні.

Риба-змієголов

Риба-змієголов – невелика хижа риба, батьківщиною якої вважається Індія, має безліч імен: зубатий і водяний, вугор і дракончик, зелений змій... І це далеко не повний перелік прізвиськ змієголова.

Ареал проживання змієголових риб – прісноводні водойми Східної Азії і тропічної Африки. Але і в басейні Амура можна зустріти представника цих незвичайних риб.

Ця риба часто змінює місце проживання. Вона може переповзати з водоймища у водоймище. Це відбувається тоді, коли на старому місці утворюється дефіцит корму.

Змієголов селиться в захаращених, тихих водоймах, часом сильно зарослих різноманітною водною рослинністю. Його не лякає навіть дефіцит кисню, який він наповнює, спливаючи на поверхню води і ковтаючи повітря. Для цього у цієї риби є надзяброві органи, що дозволяють дихати атмосферним повітрям. Зябра забезпечують її розчиненим у воді киснем на 20%, а надзябровий орган – на 80% атмосферним повітрям. Тому, перебуваючи у воді постійно, змієголов може загинути. А без води він здатний жити цілих п'ять діб! Більш тривалі періоди посухи ці риби переживають, закопуючись у мул.

Протягом дорослішання змієголови змінюють своє забарвлення. Часто молодняк має уздовж свого тіла оранжево-червоні або яскраво-жовті смуги, які з часом зникають. Риба стає більш сірою. Однак слід мати на увазі, що у деяких видів цієї риби все навпаки. Згодом вони стають тільки гарніші.

Своє ім'я змієголов отримав недарма. Його тіло і голова, зверху покрита дрібною лускою, дійсно нагадують зміїні обриси.

Змієголови вкрай ненажерливі, у них багато гострих і міцних зубів і дуже добре розвинені щелепи. Всяка живність, що стала здобиччю цього агресивного хижака, майже не має шансів на порятунок. Ненажерливі хижаки верхнього рівня харчового ланцюжка, змієголови досягають у довжину близько метра. Вони полюють на безхребетних, жаб і дрібну рибу, а під час розмноження можуть нападати на все, що рухається.

Географічний конус

Географічний конус (Conus geographus) – хижий черевоногий молюск, що володіє сильною отрутою, яка здатна вбити навіть людину.

Географічний конус – дуже цікавий равлик, якщо не брати його в руки. Він виростає до 15 см. у довжину і до 10 см у ширину. Колір його раковини змінюється від світло-сірого до коричневого, іноді червонуватого і має складний візерунок із коричневих і білих плям.

Конуси – справжні хижаки. Полюють вони на багатощетинкових черв'яків і інших молюсків, деякі види харчуються рибою. Виявити здобич їм допомагає дуже розвинений нюх. Навіть на чималій відстані вони можуть відчути найменші хімічні домішки у воді і відправитися за цим практично невловимим, слідом.

Іноді вони чекають на свою здобич, зарившись в пісок, заманюючи її за допомогою виростів-приманок, розташованих по краю голови. Деякі види можуть розтягувати свою «голову», яка набуває форму воронки діаметром до 10 см.

Отрута конуса містить велику кількість білків. Вона має величезний потенціал як болезаспокійливий засіб. Дослідження показали, що деякі білкові сполуки впливають на конкретні людські рецептори болю і можуть бути в 10 тисяч разів ефективніші морфіну.

Свою «геометричну» назву молюск отримав через майже правильної конічної форми раковини.

Коли конус наближається до жертви, він викидає в неї свій «гарпун», на кінці якого розташований отруйний зуб. Всі отруйні зуби розміщаються на радулі молюска (апарат для зішкрібання і подрібнення їжі) і, коли здобич виявлена, один з них висувається з глотки. Далі він проходить до початку хоботка і затискається на його кінці. А потім, тримаючи цей своєрідний гарпун напоготові, конус вистрілює ним у жертву. В результаті жертва отримує дозу найсильнішого токсину, що має паралітичну дію. Маленьких рибок молюски заковтують відразу, а на великих натягуються немов панчохи.

Риба-наполеон

Риба-наполеон, або губан Маорі (лат. Cheilinus undulatus) мешкає у глибинах серед коралових рифів Індійського і Тихого океанів, Червоного моря, східного узбережжя Африки або на південь від японських островів до берегів Нової Каледонії.

Риба-наполеон – одна з найбільших коралових риб у світі і найбільший представник сімейства губанів. Він може виростати в довжину до 230 см і важити 190 кг. У міру дорослішання риба-наполеон змінює не тільки форму тіла і розміри «треуголки» на голові, а й стать.

Ці гігантські істоти надзвичайно товариські – вони не бояться близько підпливати до людей, дивлячись на них широко розкритими очима, обов'язково доторкнуться до простягнутої руки або просто підштовхнуть носом, як це робить собака, коли хоче, щоб її погладили. Губан Маорі володіє високим інтелектом і пам'яттю, яких не очікуєш від риби, і здатний запам'ятовувати і впізнавати людей, з якими до цього спілкувався.

Велика частина цих риб розмножується традиційним способом, збираючись у групи по кілька сотень особин і формуючи пари всередині цих груп. Після спарювання самка на невеликій глибині відкладає у воду яйця, які розносить протягом.

За винятком декількох великих видів акул, риба-наполеон майже не має природних ворогів. Незважаючи на свій добродушний характер, риби-наполеони – справжні хижаки. Їх основна здобич, на яку вони полюють виключно в денний час, – молюски, морські зірки, краби. Тверді панцирі деяких жертв не становлять ніякої складності для гострих, схожих на цвяхи, зубів губана. Потужні щелепи допомагають йому розкушувати шматки коралів, дістаючи з них мідії і черв'яків. Губан Маорі – один з небагатьох мешканців коралових рифів, що полює на отруйних тварин, які поїдають корали – таких як аплізії, морські зайці, кузовки і тернові вінці.

Деякі самки приблизно в дев'ятирічному віці перетворюються на самців, проте що саме змушує їх приймати таке рішення, вчені до цих пір не з'ясували.

Риба Опа або сонячна риба

Риба Опа (або опахи) – рідкісна велика риба, що мешкає у верхніх шарах води. Відома так само як сонячна риба, єрусалимська пікша, королівська риба. Червонопері опахи широко розповсюджені в субтропічних і помірно теплих водах всіх океанів, як у північній, так і в південній півкулі, але відсутні в екваторіальній області.

Зовні опа схожа на рибу-місяць, проте на відміну від неї має більш яскравий вигляд. Всі її плавники пофарбовані в яскраво-червоний або червоний колір. Грудні плавці довгі і вузькі, можуть досягати довжини половини висоти тіла.

Тіло опахи високе, овальне, сильно стисле з боків. По спинному краю забарвлене в синювато-сталевий колір, що переходить на боках у блакитно-зелений зі сріблястим або пурпурно-золотистим відблиском, а на череві – в ніжно-рожевий. Боки і невелика з маленьким ротом голова усипані дрібними сріблястими або молочно-білими плямами.

Примітно, що із загальної ваги риби тільки 1/3 становить власне м'ясо, а 65% припадає на товсту шкіру і кістки. В цьому плані Опа дійсно нагадує рибу-місяць, яка має неймовірно щільну шкіру, котру часто важко навіть пробити.

Про цю рибу відомо мало. Вважається, що мешкає вона в діапазоні глибин 50-500 м. Виростає до 2 м завдовжки, вагою до 270 кг. Харчується переважно каракатицями і ракоподібними, дрібним крилем.

На блакитному тлі тіла виділяються своїм коралово-червоним забарвленням довгий, із серпоподібною «лопатою» на передньому кінці спинний плавець, короткий і низький анальний, напівмісячний хвостовий і гострі, довгі серпоподібні грудні й черевні плавці.

Єрусалимські пікші (опи) вважаються одинаками, але є свідчення «прилаштовування» до зграй тунця або скумбрієподібних.

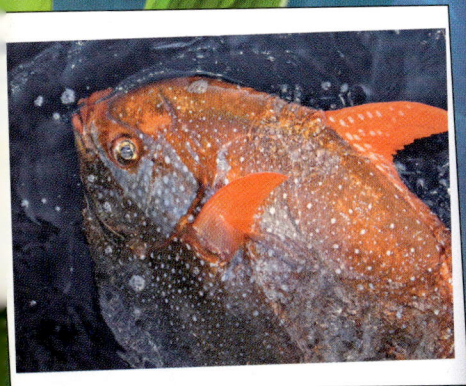

Ця риба плаває за рахунок частих махаючих рухів своїх подовжених грудних плавців. При русі помахи цих плавців додають схожості сонячній рибі з незграбним птахом, проте дозволяють утримувати тіло у вертикальному стані, зберігаючи стабільну швидкість.

Щитень

Прісноводне ракоподібне щитень (лат. Triopsidae) населяє дрібні тимчасові водойми більше 220 млн. років, будучи ровесником динозаврів. За цей час він практично не змінився і навіть не придбав природних ворогів – стоячі води канав, калюж і ярів не приваблюють для життя нікого, хто міг би полювати на щитнів.

Свою назву щитні отримали завдяки плоскому овальному щитку, що покриває їхню голову, груди і передню частину черевця. Латинську ж назву Triops (від грец. «Триокий») щитні отримали через орган, що нагадує третє око.

Появи майбутнього місця проживання, яке утворюється після дощу, танення снігу або розливу річок, личинки щитнів терпляче чекають під землею і, опинившись у сприятливих умовах, протягом 1 – 3 днів починають активно розвиватися і через два тижні перетворюються на дорослих особин, готових до нового циклу розмноження.

Личинки (цисти) щитнів здатні пережити будь-які, навіть самі несприятливі умови – у них повністю відсутній обмін речовин, завдяки чому цисти можуть залишатися в життєздатному стані десятки років. Вони ніби «консервуються» в очікуванні кінця посухи і появи нових водоймищ.

Щоб ще більше зміцнити своє становище, щитні навчилися розмножуватися не тільки традиційним способом, за участю обох статей, а і за допомогою партеногенезу, відомого як «невинне розмноження», тобто без участі самців.

Активні щитні цілодобово. Велику частину часу вони проводять біля дна, риючись у ґрунті і відшукуючи їжу. У цьому їм дуже допомагають їх кнутоподібні чутливі сенсорні органи, розташовані на першій парі грудних ніг. В їжу щитні використовують майже все, що менше за них – частинки ґрунту, дрібних безхребетних або водорості. Іноді вони також нападають на пуголовків жаб і мальків риб. Якщо ж їжі бракує, щитні можуть поїдати один одного.

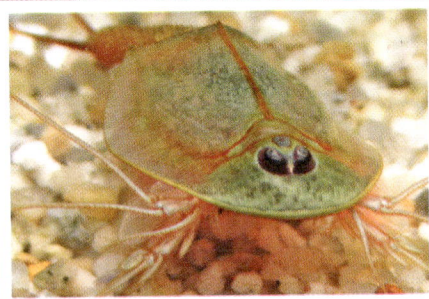

Природно, що з таким виживанням щитні поширилися по всьому світу, за винятком Антарктиди. Ні крижана вода північних континентів, ні спека тропіків не заважає їм продовжувати свій життєвий цикл.

Риба-павич

Риба-павич (лат. Nematistius pectoralis, англ. Peacock puffer) або довгопера ставрида – морська риба, єдина риба в роду Nematistius і сімействі Nematistiidae. Ця риба може досягати довжини 130 см (саме такий екземпляр був задокументований як рекордний) і ваги 50 кг. Зовні риба-павич нагадує дивну неземну істоту з тілом ставриди і високим гребенем на спині, що складається з десятка м'якого, голкоподібного пір'я. Довжина гребеня залежить від віку риби і у дорослих може досягати довжини тіла. Зазвичай у риби 7 променів, але трапляються особини із 10 променями.

Голки мають чорний колір, сама риба сріблясто-біла, з поздовжньо-поперечними темними смугами. Хвіст серпоподібний, з гострими кінчиками. Передні плавці довгі, анальний практично не виражений. На спині, в знаменитому гребені, є один гострий шип.

Гребінь у риби-павича зазвичай складений уздовж спини, – з такою прикрасою нелегко швидко пересуватися. А під час переслідування здобичі в прибійній хвилі і на поверхні гребінь розкривається і картина полювання, якщо за нею спостерігати, стає дуже видовищною. Свою прикрасу риба-павич розкриває так само при вилові, накручуючи кола на поверхні і багаторазово вистрибуючи з води.

У риби-павича плавальний міхур через отвір в черепі контактує безпосередньо з внутрішнім вухом і виконує роль резонатора, підсилюючи звуки що, сприймаються рибою.

Мешкає риба-павич в прибережних водах Мексики, Коста-Ріки і Панами недалеко від поверхні води на глибині до 20 м. На великих глибинах зустрічається рідко, вважає за краще триматися біля прибережних ділянок і на помірних глибинах. Часто підпливає близько до берега, в зону припливу. Вибирає ділянки з піщаним покривом, або кордон зі скелями. Щільність популяції невелика, тому є досить рідкісним, а тому бажаним трофеєм для рибалок.

Скати

Як би дивно і «не по-риб'ячому» вони виглядали, але скати – хрящові риби, які є близькими родичами акул. Обидва види належать до давніх хрящових риб. Однак еволюція потихеньку вносила зміни в будову цих тварин, і сьогодні важко повірити у такі родинні зв'язки. А в них навіть назви перегукуються: є риба-пила скат і акула. Морська лисиця теж плаває і серед скатів і серед акул…

Вчені виділяють п'ять груп скатів, які включають 14 сімейств і нараховують, за різними даними, від 250 до 300 видів. У Чорному морі живуть скат колючкуватий, або морська лисиця, і морський кіт, або хвостокол звичайний.

Більшість скатів – морські мешканці. Вони є й у всіх океанах. Але існують деякі види скатів, що живуть у тропічних річках.

Тіло у цих тварин широке, зовні нагадує диск або ромб. Його довжина – від декількох сантиметрів до 6-7 м. Максимальна маса – до 2,5 т.

Найбільшим скатом є манта, або морський диявол. Він названий так через свій дивний вигляд – плавники на голові, які згорнуті в трубочку і стирчать вперед, як роги.

У всіх скатів добре розвинені грудні плавці. Рот і зяброві щілини знаходяться на черевній стороні тіла. Шкіра скатів може бути голою або покритою шипами.

Тіло ската дуже красиве, його спину покриває малюнок, що повторює відблиски світла на поверхні води. Природна краса тварини, мала поширеність в океані і доброзичлива поведінка зробили ската популярним серед любителів підводного плавання.

Більшість цих тварин мешкає на дні і тільки деякі (манта і хвостоколи) вільно плавають у товщі води. Є серед скатів такі, що харчуються донними тваринами (черв'яками, молюсками, ракоподібними), але є й хижаки, що їдять рибу.

Деякі скати мають з боків тіла електричні органи, а у скатів-хвостоколів на хвості розташовані шипи з отруйною залозою. Скати-хвостоколи і риба-пила небезпечні для людини.

Скати-самки відкладають на дно великі яйця, укладені в капсулу. У деяких країнах вживають в їжу яйцеві капсули, які називають «гаманцями русалок».

Скат-скрипаль

Всього відомо два види ската-скрипаля. Перший – «південний» зустрічається тільки у водах південного узбережжя Австралії. Це коричневий скат з відтінками жовтого і оливкового на спині. Досягає в довжину 120 см. Має характерну трикутну зіницю. Південного ската-скрипаля умовно поділяють на східну і західну форму, відмінності між якими – лише в колірній гамі тіла.

Другий вид – «скрипаль-сорока». Дуже рідкісний, представники якого зустрічаються лише в затоці Сент-Вінсент на півдні Австралії. Відмітною особливістю цього виду є синювато-чорне монотонне забарвлення тіла тварини. Вчені припускають, що скрипаль-сорока може бути мутантом звичайного південного скрипаля.

Диски грудних плавників у них коротші і округліші, ніж в інших скатів. Хвіст тонкий, із добре розвиненим плавцем. Морда скрипаля напівпрозора. Найбільш помітна відмінність від родичів – ніздрі тварини злилися разом в одну велику «носову завісу», яка досягає рота.

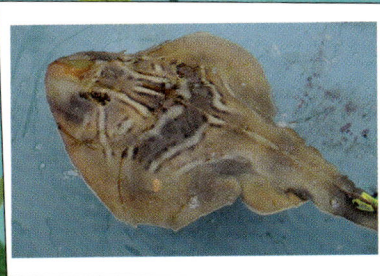

Скат-скрипаль тримається дна, віддаючи перевагу піщаним мілинам, скелястим рифам або гущавині з морських водоростей. Їсть хробаків і крабів. Полює за допомогою сильної щелепи, якою розчавлює тверді панцирі крабів. Коли скрипаль не голодний, спокійно лежить на дні.

Риба-пила (пилорил) найбільше зі всіх скатів схожа на акул, бо має «акулоподібне» витягнуте тіло. Особливістю цього ската є так звана «пила», а точніше, виріст рила. Він довгий і має плоску форму, з боків розташовуються однакові зубці, що нагадують пилку. У довжину «пилка» становить приблизно 1/4 від усього розміру тіла риби. Враховуючи, що окремі скати досягають 75 м, а пилкоподібний виріст – до 2 м, це – страхітлива зброя.

Ця риба мешкає у прибережних тропічних водах Атлантичного, Тихого та Індійського океанів. Крім того, іноді її зустрічають в Середземному морі і біля берегів Америки. Пояснюється це сезонними міграціями. Іноді вона запливає в гирла річок. Там риба-пила теж відчуває себе цілком комфортно, от тільки не любить антропогенного (породженого людиною) забруднення води. П'ять із семи її видів живуть у водах Австралії, а один (квінслендський) і узагалі пристосувався до життя в прісному середовищі і в океан уже не випливає.

Пилорил – це хижак, причому досить небезпечний. Не володіючи гострими, як у акули, зубами, він може сильно покалічити своїм рилом.

Електричні скати (Torpediniformes) здатні виробляти електрику. Тіло електричного ската нагадує дуже товстий млинець – круглий і м'ясистий. Багато видів мають яскраве забарвлення, ніби попереджуючи про небезпеку.

Електричний скат – наче велика жива батарейка, якій необхідно періодично підзаряджатися. Після здійснення розряду рибі потрібен деякий час, щоб зібратися з силами. Сила струму, яка генерується скатами, різна залежно від виду. Напруга також варіюється. Наприклад, атлантичний торпедо (Torpedo nobiliana) може давати розряди в 220 Вольт, але для більшості видів ця цифра менша. Розміри електричних скатів також різні, максимальна довжина належить тому ж торпедо і становить 1,2 м при вазі до 100 кг. Решта видів дрібніші.

Пересуваються електричні скати дуже неохоче, переважно лежать на дні або зариваються у пісок, залишаючи очі на поверхні.

Ряд електричних скатів включає три родини. Представники цих родин різняться числом спинних плавців: у гнюсових скатів їх два, у наркових – один, а у темерових їх немає зовсім.

Скат морська лисиця мешкає у Середземному і Чорному морях та в Атлантичному океані. Його тіло має вигляд ромба з тонким хвостом на кінці. Спина і верхня частина хвоста колючого ската мають лінію шипів. У рядку їх може бути до 30 шт. Хвіст закінчується двома маленькими спинними плавцями. Скат має коротку голову, а тіло його, хоч і не кругле, називають диском.

На відміну від лисячої акули, яка схожа на живу торпеду, що мчить серед морських глибин, скат лисиця нагадує великий лист, який пересувається хвилеподібними рухами. По-різному розвинуті й грудні плавці морських лисиць. У акули вони служать для стійкості тіла, а у ската грудні плавці призначені для ширяння у товщі води. Вони мають надзвичайно широкі краї, які зрослися з бічними поверхнями тіла і голови.

Здавна про морську лисицю ходили страшні легенди і міфи. Адже їх зовнішність досить-таки жахлива і грізна. До того ж практично всі види скатів, що мешкають у морських безоднях, є отруйними і небезпечними для людини.

Незважаючи на назву, морський кіт не має ніякого відношення до сімейства котячих. Насправді це – скат-хвостокол. Довжина його тіла – до 2,5 м, а вага – до 16 кг. На хвості – велика, зазубрена по краях колючка, в жолобках якої є отруйні залози.

Морський кіт дістав свою назву тому, що свою жертву він підстерігає, причаївшись, мов кіт. Помітивши її, скат кидається із засідки і, притиснувши жертву до ґрунту, розправляється з нею. Другу назву – хвостокол – йому дали за те, що він б'є свого противника хвостом, озброєним колючкою. Це знаряддя тварина використовує тільки для оборони, а не для добування їжі.

Поширений скат-кіт в Атлантичному океані, а також у Середземному, Чорному та Азовському морях. Це теплолюбна риба, що з'являється біля берегів тільки в літній час. Любить полежати на дні, частково зарившись у пісок, тому на нього легко наступити. На людей не нападає, проте може застосувати свою «зброю», якщо вважатиме, що йому загрожує небезпека. Спійманий або переляканий, він відразу ж закидає свій гнучкий хвіст на ворога і глибоко встромляє свій шип або просто б'є хвостом. Хвостокол вельми спритно потрапляє голкою в намічену заздалегідь ціль.

За давньогрецькою легендою, міфічний герой Одіссей був убитий стрілою, просоченою отрутою морського кота. Дійсно, цей скат дуже отруйний. Якщо не надати медичну допомогу, людина, яку поранив морський кіт, може померти.

Мобули (літаючі скати) – одні з загадкових тварин, що мешкають в морських глибинах. Їх можна зустріти в тропічних і субтропічних регіонах. Довжина цих скатів разом з хвостом може досягати майже 2 м. Плавці-крила допомагають їм швидко ширяти не тільки у воді, а й у повітрі.

Вченим невідомо, чому мобули, збираючись у величезні зграї в певному місці і в певний період, вистрибують по черзі з води. Можливо, це шлюбний танець, у якому тварини демонструють свою силу і грацію? А можливо, так вони можуть позбавлятися від паразитів чи просто граються?

Статевої зрілості мобули досягають дуже пізно. Відтворення потомства більш наближене до ссавців, ніж до риб. У самки народжується всього одне дитинча, що робить популяцію літаючих скатів надзвичайно вразливою.

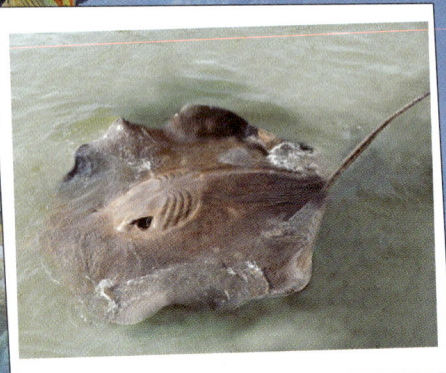

Саме існування гігантського прісноводного ската оповите завісою таємничості. Ніхто досі точно не знає, скільки скатів мешкає у тропічних річках Малайзії, Нової Гвінеї, Індонезії і Таїланду і чи виходять вони у відкрите море.

Ці скати майже не змінилися за час свого існування. Як і мільйони років тому, їх коричнево-сіре тіло зберегло округлу форму, довгий хвіст і пару маленьких очей. Вони, як і раніше, закопуються в піщане або мулисте дно тропічних річок, дихаючи через отвори у верхній частині тулуба. Тут же вони підстерігають свою здобич: крабів або молюсків, дізнаючись про їх наближення за електричними сигналами.

Прісноводний скат має страшну зброю – 2 потужних і гострих шипи, розташованих на хвості. У кожного з них є своє призначення. Великий внутрішній шип використовується для утримання жертви. Він працює за принципом гарпуна – шип входить у жертву, але витягнути його назад неможливо. Удар хвоста цього ската настільки сильний, що він може пробити великим шипом навіть днище човна. Другий шип наповнений дуже небезпечною отрутою.

Манта (морський диявол) – один з найбільш відомих видів скатів. Зовнішність і розміри манти вражають. Навіть новонароджена манта досягає понад 1,5 м у розмаху плавців, а доросла особина може досягати в розмаху «крил» майже 8 м при вазі понад 2 тонни!

Тіло цього ската нагадує ромбоподібний килим, чорний зверху і білосніжний на черевній стороні. Він має широкі крила-плавці, короткий хвіст і характерні «роги» на голові, утворені передніми кінчиками грудних плавців, через що ската називають морським дияволом.

Цими «рогами» скат збільшує приплив води в порожнину свого величезного рота. Чому? Бо ці скати – планктоноїдні морські тварини, як кити чи китові акули. Незважаючи на страхітливу зовнішність, ці скати абсолютно безпечні. Навіть рот у манти за формою нагадує рот китової акули.

Зміст

Алфавітний вказівник

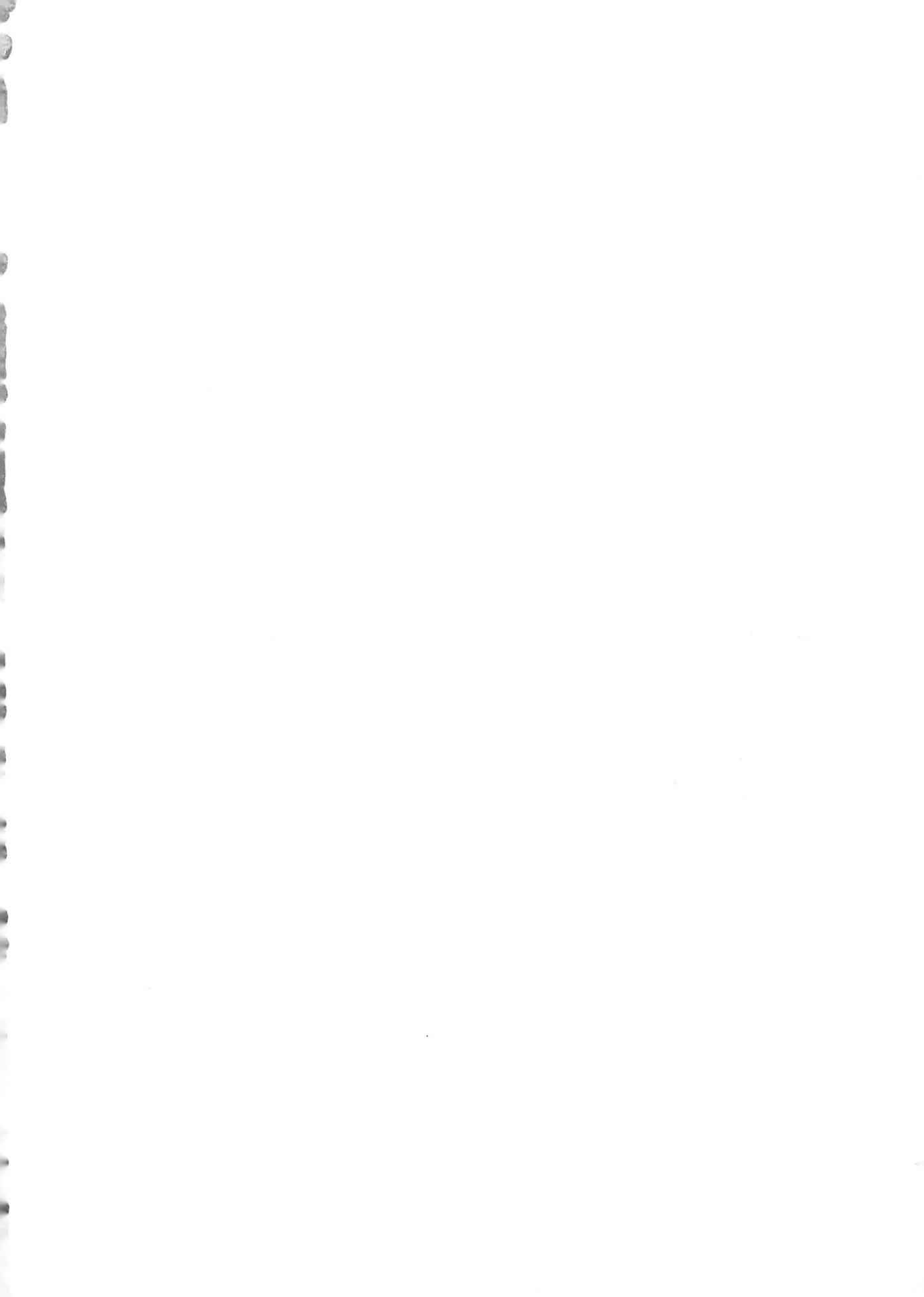

Цікаві факти

• Океани покривають близько 70% поверхні нашої планети і містять 97% усієї води Землі. А чи багато ви знаєте про ці безкрайні водні простори, що подарували життя всьому живому?

• Океанів на планеті п'ять: Тихий, Індійський, Атлантичний, Північний Льодовитий і Антарктичний (він же Південний). Найбільший і найтепліший – Тихий, другий за площею, найсоленіший і самий освоєний людьми – Атлантичний, Північний Льодовитий – найменший і мілководний, Індійський відрізняється надзвичайно різноманітною флорою і фауною, Антарктичний океан офіційно був визнаний лише в 2000 році ...

• Океани існували на планеті Земля за 3 млрд. років до появи на ній життя.

• З давньогрецької мови слово «океан» перекладається як «Велика ріка, оточуюча всю землю». Адже вже в той час існувало правильне уявлення про розподіл океанічних вод по всій планеті.

• Солі в Світовому океані стільки, що якщо її всю витягти і рівномірно розподілити на суші, то це буде шар близько 150 м.

• В океанській воді міститься величезна кількість заліза. Якби зібрати його і розділити між усіма людьми, на кожного з нас припало б більше 30 тонн!

• Сьогодні в океанських водах мешкають близько 70% всіх існуючих форм життя на Землі.

• Океани солоні через незліченну кількість мінералів, що роками вимиваються з поверхні із надр землі річками, які впадають в океани.

• За останнє сторіччя рівень води в океані піднявся на 25 см.

• 90% вулканічної активності на планеті відбувається саме в океанах.

• Великий Бар'єрний Риф, що біля Австралії, є найбільш густонаселеною у видовому розумінні територією світу.

• Сама нижня точка Землі знаходиться в західній частині Тихого океану – в Маріанській западині. Дно Глибини Челленджера знаходиться на позначці в мінус 11 034 м.

• Верхні 10 футів океанської води містять стільки ж тепла, скільки міститься у всій атмосфері.

• Середня тривалість життя антарктичного айсберга - 4 роки.

• Найвище цунамі становило близько 60 м, тоді як на дні океану вирують хвилі висотою в 100 м і вище.

• Для близько 3,5 млрд чоловік океан - основне джерело їжі.

• Понад 90% торгових відносин між країнами відбувається за допомогою судноплавства.

• Від акул щорічно гине в десятки разів менше людей, ніж, наприклад, від ударів блискавок або укусів бджіл. Проте чомусь саме акула, а не бджола є символом кровожерливості.